人生经济学

——时间·空间·人与人之间

——释证严·著——

復旦大學出版社

目　录

自　序

放眼天下，近年各地灾难频传，大陆暴雪、南美洲洪水酿灾，以及美国连年森林大火，东南亚台风肆虐侵袭，都带来严重的伤亡。值此世代，天灾频仍，温室效应导致全球暖化，科学家预测气候将愈来愈极端。

地球生态令人忧心，唯有净化人心，才能缓和生态危机；人人合心、协力，方能拯救苦难人，因此要把握“时间·空间·人与人之间”。

就时间而言，佛教说“三世”，即“过去、现在、未来”，也可称为“昨日、今日、明日”；时间无始无终，过去之前还有过去。如何把握现在，以及无穷尽的未来？

善与恶都是在时间流动中累积，所谓“差之毫厘，失之千里”，虽然人在大自然中显得渺小、脆弱，但若以沉迷享乐为快乐，小恶累积也会造成巨大恶业。如五百年的大树，不敌小小的白蚁日夜蛀蚀；再强壮的人，也禁不起病菌侵袭；即使地球再大，更无法承受众生的破坏。

我们需好好地把握时间利益人群，尤其现代科技发达，可立足台湾宏观天下，不能只执著于自己的时间，关心个己的小范围，而是要关怀天下事，普及众生。

就空间而言，是我们所处的大环境；我们生存在地球上，是一切万物的共同家园，我们应以开阔的心，走出爱的空间，彼此互助与关怀。

慈济一路走来，秉持着大爱不分国界、种族的人道精神，如今已受大众的肯定与支持，一方有难能十方伸援，这就是开阔爱的空间。能选择一个正确的方向，分秒不空过地累积善与福，步步踏实于空间中拉长情、扩大爱。时间、空间利用得愈充分，就是愈积极的人生观。

大自然不断地给予人类大课题，世间善恶拔河，一个人的力量有限，少数人也是力量微薄，必须群众协力，人多力大福就旺，就需要人与人之间多结好缘、勤付出。

每个人发一念善心，就是一粒种子，若能好好地勤耕耘，让善种子萌芽、茁壮，让爱的种子不断地成长，乃至绵延不绝。

有这分无私的爱，运用时间行善，人与人之间互相影响，自然普遍于空间——人人心手相连，而能淨化心田；因此我们要多尽一分心，多用一分力，世间灾难终能消弭，人人获致安和。

（二〇〇九年十一月于静思精舍）

辑一　时间

世间的经济，总是好坏起伏；
人生的时间若流失，则永远无法挽回，
所以应重视生命中时间的经济。

第一章 微观时间

时间，常使人们烦恼，却是空无一物，抓不到也守不住，看不到什么形态，总是来来去去在我们的周围。

人的时间观受限于人与事，其实时间如长河流沙，累积到无穷无尽的未来；现今之前，是无穷遥远的过去。科学家计算，地球已有四十六亿年，从人类的寿命来看，是很长的时间，何况在还没有地球之前，仍有无法计量的时间。

佛法说“现在、过去、未来”三世，今天的过去是昨天，未来是明天；昨天还有过去，是前天。依此类推，到出生的那一刻，在那一刻之前还有过去生，如此人间是否有限度？没有。因为有过去的过去，无数的过去，人间与时间会合，又将长河流沙的时间，带到现在的人世间。

人世间到今天还有未来吗？下一刻、明天，时间是长或短？谁也不知道。

之一 拨不回的时钟

看到时钟上是相同的时间，但是昨天和今天不同；如当下所说的“现在”，说完已成为“过去”，如何能说是“现在”？时间不断地流逝，没有一时停歇，这就是虚空的法则。

人的一生犹如时钟，时钟若走得太快，还可以拨慢点；人生的时钟却无法拨回，所以我们应爱惜分秒，不能拖拖拉拉或虚度。

公平的廿四小时

人世间从表相上来看存有贫富、尊卑的差别，实相上却是真正平等；诸如时间，每一天每一个人，都是拥有相同的廿四小时，端视各自如何运用。

有智慧的人，付出、做事的时候，才是利用时间。每个人早上起床一睁开眼睛，意识开始清醒，接触周围环境而有动作，直到夜晚休息，这段时间是可运用的时刻；倘若早上六点未起床，一直睡到八点，多睡这两小时的时间，就是空白。

时间并不会因为今天早点睡,就多留一些到明天;生命的储存槽,每天都会将时间清槽,如同电脑档案全部清除,翌日重新再来。对每个人都一样平等,没有贫富贵贱的分别,也没有比他人多一秒,大家都一样。

清醒时,有权使用时间,睡眠时,就无法使用,对每个人都是公平的法则;重要的是,如何使用?每个人随着时间制造不同种子,无论好事或坏事都会“存档”。所以时间必须用得对,才能累积好的因。

有的人不造恶也不行善,整天享受,生命就会虚度。我们应该把握时间,做好事,才能种下善的种子,浪费与空过时日,犹如减损寿命。

生命储存槽中时间有限,每天睁开眼就应明白时间只有这么多,不用白不用,一定要善加运用;而且时时刻刻用于善行福德,举手投足都要谨慎。譬如看到一位阿嬷摔倒,能赶紧伸手搀扶,关心地询问:“有没有怎么样?”这是善行;阿嬷说:“感恩,你真好。”这是福德。所以在分秒中生起善念,付诸行动就能增加善行、福德,如此才不枉拥有的时间。

一年减一岁

《普贤菩萨警众偈》云:“是日已过,命亦随减,如少水鱼，斯有何乐？”每天早上起身，我会想：今天有多少事要做？到了黄昏，一日将过，则省思：今天的工作做完了吗？感到日子一过，生命就减少一日，如同水缸中的鱼，水一点一滴地减少；倘若人的寿命期限一到，就如缺水的鱼一般，岌岌可危。

每到过年，大家说：“恭喜！新年快乐。”不禁感到：又过一年，有多少快乐？有人会说：“添了一岁。”我就想：是少一岁，不是多一岁。倘若一个人的寿命是八十岁，过一年不就是减少一年；多一岁，其实是生命中又少一岁。

每每想到如此，就会感到人生辛苦计较为了什么？在生活中劳碌奔波，与人明争暗斗，到最后还是“万般带不去，唯有业随身”。一辈子所造作的业果，无论是好或坏，想要或不想要，最后都必须各自带走。所以人生道上，没有什么好计较，唯有时间一定要爱惜与充分的运用。

虽然一直做事，难免感到疲倦，但是换一种角度思考：疲倦与不疲倦只是不同的态度。诸如有时我也会觉得身体疲惫，一旦想要休息，脑海中马上就会浮现“空过一小时，生命就流失一小时，不能白白流逝，要让这一小时有成果”。这是观念转换。

常言:“健康是福,能做事是福”,能有这种观念,就不会让时间空过。慈济医院的心莲病房①曾有位癌症志工,她贴了一张“爱我,不要叫我睡”的纸条在床头,因为医学让她知道大限将至,所以要争取时间做志工;由于大家担心她的病情,总会舍不得而希望她多休息,因此她写了这样的纸条,请大家让她能多利用所剩无几的时日。什么叫做“休息”?其实对的事,把握分秒去做就对了。

每一年的开始,大家会准备新日历,也会有新计划——希望每一天的生活,达成多少理想与希望,做多少安心、欢喜的事。无不希望每一张日历能丰富地完成计划藉此精进,以及调整人生方向;然而不多久总会因为忙或累,而懈怠了原初的计划。

无论计划有没有确切实行,时间却是分秒没有暂停,生命也不断地流失。

流逝不止息

世间有形的万物,无一停住不动,如地球转动而有四

① “心莲病房”即一般医院的“缓和医疗病房”或“安宁病房”,由医护人员、社工、志工及灵修人员,提供以病人与家属为中心的医疗服务,并给予身心灵的照顾、抚慰与祈祷。

季、日夜更迭，只是人不易知觉地球的运行而已。人的身体也相同，头发何时变长？指甲过一段时间又该修剪，是哪一分、哪一秒、哪一天长的？都不知道，新陈代谢不断地生与灭，我们从幼小、少年不断地成长，进入中年、老年体质又慢慢地老化，自己也不知觉。

想起三十余年前，有位妈妈带着小女孩来精舍，才读幼稚园的年纪；她饿了，妈妈将奶瓶给她，她一边躺着喝奶，一边对妈妈说："妈妈，我能不能不要长大了？"

妈妈问："为什么？"

她说："因为我还小，所以可以躺着喝奶，对不对？"

妈妈说："对，赶快喝，赶快健康长大。"

她说："我不要长大，就可以永远这样躺着喝奶。"

这段对话令人印象深刻。数年前再见到她，已经不是小女孩，而是位少妇了。每个人只有一次幼年，每一天都是唯一的一天，因为时间过去无法再拉回；事情发生后，想要弥补也很困难。物品也许可以复制成一模一样，但是时间和心灵的裂痕则无法弥补。

人生数十年，其实很短暂，因此要常自我警惕，做什么事只要方向正确，就要认真把握当下，否则一旦错过因缘，再也不可得。人生只有一次，所谓的"一次"，是每个人所有的过程都只有一次。

知名的哲学家苏格拉底，有回一群学生请教他——真实的道理如何体会？他对学生说：“我带你们在实验中体会。”

苏格拉底将学生带到一片果园，告诉学生：“你们从入口开始，一直走到出口，园内的水果任你们选择，要用心挑选最美、最好、最喜欢的，只能摘一个，不能再回头。”

学生们走进果园，满园水果不知哪一个最美、最好？不知不觉就走到尽头，苏格拉底问：“你们可采到最美最好的水果？”

学生们纷纷说：“老师，再给一次机会。”

苏格拉底问：“你们怎么没有摘任何水果？”

学生说：“一进去时，看到一粒很美很大的，不过心想也许里面还有更大、更好的，担心摘了这个，后面就没有机会了。”

苏格拉底说：“这就是真实的道理，人生只有一次机会而已，年轻也只有一次，再也无法回头。”

常听人说：“早知今日，何必当初？”人生方向要对准，无论路途多远、时间多长都要认真走；倘若抱着“今天做不到，明天再来”的心态，就是不认真的人生。

之二 一定有明天？

一九九九年九月廿一日的凌晨一点四十七分，忽然天摇地动，发生“九二一大地震”。当时有人还未睡，说不定正计划隔日的生意，充满希望的明天；说不定有人睡觉正在做美梦；说不定也有人吵架，明天要分离，各种形形色色的人生百态。

无论原本有什么计划，地震一来，美梦在瞬息之间破碎——明天相约见面的人，或许已经天人永隔；也许原本想分离的，已经在地震中走了，活着的人伤心难过，痛不欲生，人生真是无常。

无常先到还是明天先到？

做任何事都要殷勤不懈，如发心修行，初始还会把握时间精进，然而凡夫心很容易在生活中变得散漫，因此“懈怠、散漫”是停滞慧命的最大杀手。

有一则故事——一天，阎罗王觉得来地狱的人变少了，担忧地对鬼卒说：“要用什么方法，才能让地狱的人数增加?”

牛头将军回答:“我去人间向世人说‘没有天堂’,不用做好事;做再多好事,或有再多好心都没有用。”

阎罗王听了,摇摇头说:“对世人这样讲,力量不够。”

马面将军说:“我去向世人说‘没有地狱’,可以为所欲为、想做什么就做什么。”

阎罗王听了,觉得这种话对世人也没有很大的作用。这时有位小鬼说:“我去人间告诉世人‘还有明天’。”

阎罗王听了很满意地说:“对! 你去向世人说‘每个人都还有明天’,因为人性容易懈怠;如果知道还有明天,会想还有时间——修行,明天再来修;做好事,明天再来做。一切希望都放在明天,精进心就会断绝;一旦断了精进,就会起懈怠心,终会堕落而到地狱。”

由此可知:人生无常,怎能有期待明天的心?

二○○四年十二月廿六日,亚齐一场大地震,引发海啸波及南亚十数国,数分钟内斯里兰卡五万余人往生,大亚齐逾廿四万人往生,何况整个南亚不知有多少伤亡数字? 瞬间而已,感到世间无常。

海啸力量之大,转眼间卷走多少建筑物——有间便利商店九点开幕,九点多就被卷走了;还有被摧毁一半的楼房，前面停了一艘比三层楼还高的大船，这艘船被海啸从海面推进六公里到大街中。

惊世的灾难，要有警世的觉悟；看到如此人生无常、国土危脆，生死只在一瞬间，不知道是明天先到还是无常先到？人生还要计较什么？重要的是，做人要积极——能做、该做的好事，把握当下去做，启发爱心还要持之以恒。想想海啸过后，海面依然平静美丽，而社会混浊的浪潮，何时才能恢复清净？

一年三百六十五日，十年就是三千六百多日，许多人总是今日空过还有明日，明日空过还有三百多日，三百多日空过还有三千多日；以为生命是无穷无尽，所以容易空过时光，我们应该要有“无常”的警惕。

今日平安，不知来日形态；此时的幸福，也不知下一刻的情况，应时时把握现在，做才对。假如只是空想，这种没有着落的人生就缺乏踏实感。什么是幸福人生？真正感受踏实、稳当，才是幸福人生。

生命在呼吸间

每天早晨醒来，我会先伸伸手、动动脚，感觉可以顺畅自如，翻个身能坐起来，我就很感恩；因为可以清醒、健康，应该要感到知足。其实，人是否能预计自己今天廿四小时都能平安度过？很难说。

有一天佛陀问弟子："众弟子，你们跟着我修行这么久，知道生命的真谛了没？"

弟子面面相觑，究竟生命的真谛是什么？有位弟子自告奋勇回答："生命在一日间。"

佛陀摇摇头说："你还不知生命的真理。"

另一位弟子说："我知道，生命在一餐饭食间。"佛陀还是摇摇头。

后来有位弟子说："生命在呼吸间。"

佛陀微笑："你知道了，对，生命就在呼吸间。"

一口气能顺利的呼出、吸入，就是生命存在时；平常大家觉得呼吸没有什么，是很简单的事，然而生命就在呼吸间。

有位冯居士和太太投入慈济十余年，他的父亲待人和气，退休后也投入我们的环保志工，一家都是非常精进的慈济人。记得有一次我到台北慈济医院，医院旁边开辟一块"大爱农场"，种了许多菜；顺道也去环保站看看，整理得井然有序。冯老先生很开朗地和我谈话，还对我说："我们很感恩师父，有这个环保站让我们做得欢喜。"

他很珍惜生命的良能，虽然退休，但是并未停息生命良能，一直用心做。直到有一天，突然感到心头闷痛，不过外表看来并无大恙，环保站在医院旁边，他说：“我去看医师。”就步行到医院。

门诊的医师表示，要先做心电图。只上一层楼，所以他没有搭乘电梯，走到梯间平台，突然倒下；由于楼梯间少人来往，延误十多分钟才被发现，因抢救较迟，在加护病房住了一段时间。

后来冯老太太分享，老先生出加护病房后，最清醒的一句话就是：“环保要做好，多派两辆车，东西要叠好。”之后就没再讲话，接着转到护理之家。冯居士很孝顺，仍是不间断地做环保；每天到护理之家和父亲说话，常常告诉父亲：“师父说，该来就是会来，我们应该欢喜接受。”老太太从未埋怨，也常对先生说话。

冯居士说：“我父亲没有浪费他的人生，一生做到倒下为止。”一家都如此善解、包容，道心坚固，大爱无私，他们都做到了。

他们了解因缘法，自知因果观，令人感恩也很感动；大自然的法则，总是来来去去，有时毫无预警，也不知何时降临，所以要珍惜生命，懂得把握当下。

不能等

时间从没有停留的一刻，每一天我们都要很珍惜，还要多利用，懂得择善而从之。倘若不能把握时间，临渴才要掘井，已经来不及；就如“船到江心补漏迟”，等到船行至江河当中，才想到船已破旧该修补，就太迟了。

常听人说：“修行，等老了再修。”“今天做不到，明天再开始吧！”好像明天还有时间，其实明天是明天的时间，还有明天该做的事，而今天过了就没有了；不要一直等待，将时间不断地往后推延。

有人因为还年轻，以为拥有很多时间；或是依恃自己拥有财宝、势力，需知无常一来，无论生病或面临生死，都束手无策；时间是千金难买，万金难留。

我一直感到时间愈来愈短促，就如缝纫机的线轴，当线轴还满时，踩着踏板，看线轴转得不会那么快；一旦线逐渐用尽，线轴愈窄小，就会转得更快。人在青春年少时，不易觉察时日如何流逝，仿佛还有很多时间，这个小时没做到，还有下一个小时、二个小时；直到年纪渐长，才会感到一天过一天，真的岁月不待人。

生命随着时日不断地减少，在生活中，人与人之间应互相付出，哪怕他人欠缺的只是一点点，能及时给予帮助，对方会很感恩；倘若对方正缺乏时，个己却因舍不得而未能付出，想等到自己足够时才布施，不能及时发挥助人的功能，即使拥有再多都没有用。

庄周生活贫困，欠缺粮食，有次向他的朋友监河侯借三升小米，监河侯对他说："我现在没有很多，你等我向老百姓收税后，我再借你三百两金。"

庄周听后感慨地说："我来这里的路上，看到一个坑洞，洞里的水快干了，有条鱼叫住我，希望我能给它几杯水，我对它说：'等我到吴、越之地，向吴王、越王商量借水，引江水来这里接你回大海。'这条鱼生气地说：'那你不如明天去鱼店，看我变成鱼干。'"

庄周对监河侯说完，就离开了。

贫困的庄周，急需的只是三升米，三百两金对他而言遥不可及，也不是他所需的。有需要的人所求不多，然而有能力的人却因吝于付出，或者担心少给有失颜面，错失及时助人的机会。

人生无常，无法让自己决定未来一定能做什么事。多年前曾有人和我分享他的体会，他有位富有的朋友，平日省吃俭用，虽然拥有很多，但是很难想到他人的不足。

他常对这位有钱的朋友说:“做一些好事。”

朋友就回答:“等我赚足够了,会做的。”

然而什么时候才够?不知道。他这位朋友有一天在吃饭时,突然头一低,陷入昏迷而送去急救。

所以没有什么事能等到足够了才做,不能等到富有才要做好事,何况无法预知将来是否富有。回想九二一大地震之后,我们认养五十所学校的希望工程,为何当时那么大胆?并非已经有钱,而是总有“不能等”的观念。为什么不能等?学校损坏,孩子的学龄不能等,小学六年,中学只有三年,若不尽快让学校恢复,再等一年、两年,学生怎么办?在帐棚里如何安得下心接受教育?

很多事都要及时把握,我们用两年的时间,完成五十所学校,金钱并非现成的,先做了才开始设法募集爱心。感恩全台湾的慈济人,以及全球慈济人,如今回想起来,感觉很大胆;幸好及时下定决心,否则如何能成就学校的重建?

凡事不能等条件都具足才做,每个人选择自己要走的路,方向正确一定要把握机会去做。为社会付出也相同,不能借口自己年少,还要等到年老、责任减轻,究竟要等到什么时候有空闲?人生能懂得运用智慧,在忙中争取时间造福人群,才是最正确的事。

之三 人生的宝库

时间是人生难得的宝，人从出生开始就和时间密不可分——时间累积让我们长大，进而完成学业、功成名就；然而也是时间累积使人老化，令万物走向衰亡。时间在成就一切的同时，也在损坏一切，因此做人要好好地把握时间，更要抱持感恩心珍惜时间，以分秒换善行而生智慧，增长福德而生慈悲。

常说“福从做中得欢喜，慧从善解得自在”，做什么欢喜？做好事才会欢喜；若是与人相争、计较，耗费时间又损人不利己，智慧就是能把握时间做好事，自然能得轻安自在。

成就学业、事业与志业

世间最无情的是时间，最可爱的也是时间，因为时间能成就一切。

古时有位国王生了一个女儿，很欢喜，期待女儿能赶紧长大；不过愈期待愈觉得慢，天天看到女儿还是那么幼小。于是国王贴出告示，昭告全国：“谁有办法让公主快点长大?”经过一段时间,一位智慧长者看到,就撕下告示求见国王。

国王说:“你有信心让我的女儿快点长大吗?”

长者说:“有信心,不过您要给我时间。”

国王高兴地说:“只要能让我的女儿长大,你要什么都给你。”

长者说:“既然如此,请您给我十六年的时间。”

国王说:“可以。”

“但是这段时间,您不能来看您的女儿,可以吗?”

“没关系,只要让我看到她长大的样子就好。”

十六年后,这位长者如期将公主带回,国王看到女儿,欢喜地说:“真厉害,让我那么小的女儿,变成亭亭玉立的公主。”

国王以为是老人厉害,忽略在大自然的法则,孩子自然会随着时间长大。

人生无论成功或失败,都是时间所累积的,懂得善用时间的人,会过得很充实;虚耗光阴的人,则空白流逝。倘若能在人生道上踏实地一步一脚印,回顾过去时会备感温馨,深感生命有价值;既然明白道理,只要及时把握都不嫌晚,怕的是仍浪费虚掷,那就太迟了。

譬如读书一定要把握时间认真用功，扎扎实实地专注课业，累积出学业成绩，所以时间累积成就学业；同理，把握时间用心经营事业，累积起来就是成功的企业。修行也是一样，要成就道业，必须分秒不空过，步步精进才能成就。

时间也是一件无奈的事，昨日美好欢喜的境界已过去，无法永远留住；或是后悔的事，也无法重来。因此在日常生活中必须时时用心，不要因一时轻忽而累积后悔、错误的举动；若不断地与人结恶缘，累积多了就变成恶业。

反之，能殷勤精进，时时清净自己的心，能好愿连连、好话连连、好事连连，让人欢喜、感动，彼此轻安、自在，就是累积福缘，拥有不后悔的人生。所以“勿以善小而不为，勿以恶小而为之”，不要以为自己很善良，只是习气不好，想想哪个恶人不是由恶习累积而成？善、恶就在起心动念间，绝对不能轻忽。

我们利用时间投入人群，在付出中看人生、体会人生、分析人生，学习分别事相与道理，然后运用智慧融会贯通。如此不仅能成就自己的学业、事业与志业，同时也可以真正的自救救人、自度度人，就是有智慧的人。

永恒的功课

时日过得很快，空过多少时日，即是减损多少生命；既然有了生命，就不要懈怠、懒惰。若能把握身心健康的时刻勤于付出，自然每个日子都在结好缘。有的人活得很认真，为人群付出、利益大众，即使人身已不在，但是精神仍存，等同生命还活着，这是多么有价值的人生。

生命，包括物质上的躯体及精神上的慧命，人无法保证身体永远属于自己；随着生命的流程，无法留住年轻时的活泼、可爱，也挡不住身体的老化，若只是爱惜自己的躯壳有什么意义？佛陀教导我们要爱惜慧命，慧命没有老少美丑之分，也不会变形，能于天地宇宙间永远常住。

所谓“慧命”，就是智慧的生命，来自于我们有了身体，能与人群会合，共同志愿付出，就能互相增长智慧。

福慧都从日常中累积而来，曾读过一本书，谈到一位修行者的修行方法——他在深山寺院，每天到悬崖边坐在一块突出的石头上，由于石头一半悬空在外，只要稍微风吹，石头会微微地摇，所以坐在上面必须相当谨慎；他抱着风动石坠的危险，以此调伏内心。

起初还会害怕，但是下定决心求法，要以天地静谧启悟心性，因此即使风吹石动，也要调伏将心静下来；更不能打瞌睡，万一身体稍微摇晃，就有掉下悬崖的可能，所以要练出定性、耐力与细心。

有一回他坐累了，闭起眼睛却不知不觉地睡着了，忽然感到石头坠落般，危急之际又感觉有护法神托住。他醒来时，很得意自己用功得当，护法神都在身边，于是放心地坐着，不久又不小心打瞌睡，这时听到护法神呵责："只有一次，不会给你第二次，更没有第三次的机会。"

这则故事告诉我们，人生要时时提高警觉；悟是自悟，觉是自觉。唯有借着生命体悟真理，才能成长慧命。

虽然生命无常而且短暂，但是每个人都不能轻视自己的生命，努力成就以换取慧命。看到一篇文章，在美国费城有座大教堂，百年以前曾是一个小教堂。有一天，一个六七岁的小女孩，坐在教堂外的阶梯哭泣，神父来到小女孩的身边，问她："为什么在这里哭？"

小女孩说："人太多了，我挤不进去。"教堂里已经坐满，她无法进去上主日学，很伤心。

神父看看小女孩穿的衣服很简陋，想必是贫民区的孩子，就带着她进教堂，找个地方坐下，从此小女孩每个主日学都不曾缺席。

两年后，小女孩突然因病往生，女孩的父母知道她很虔诚，于是通知教堂的神父。神父不舍地抱起小女孩，从她身上掉下一个破旧的小包包，里面有一张纸条，歪歪扭扭地写着:感恩可以上主日学,但是教堂太小了,很多人都进不来,所以有个心愿,想把小教堂变成大教堂。她开始存钱,只要有一分一毫都存起来。

神父从小包包里找到五毛七分钱,这是她所存的钱,还有她的心愿,神父感动地落泪,也想帮小女孩完成心愿;无奈附近人家大多贫穷,只能一点一点地劝募。

直到这则感人的故事被报导出来,有位大地主对神父说:“我有一块土地想卖。”

神父说:“我没有钱买土地。”

他说:“应该有,我这块土地要卖‘五毛七分钱’。”就是用小女孩的钱,买下这块土地,大家纷纷乐捐共襄盛举,小教堂终于变成一个可以容纳三千三百人的大教堂。

这个小女孩小小的年纪就往生,留下一个小小的心愿,却完成意义重大的事;这样的事迹流传百年,仍是感动人心,不就是永恒的慧命?

第二章　时间快慢的分界

有时听人说："我好难过。"那是因为心过不去，而感到时间漫长难熬；内心若是欢喜、快乐，就会感觉时间过得很快。所以在生活中，应培养健康乐观的心，一旦面对不如意时就会容易过去；即使遇上不可避免的病痛，若能以感恩及尊重生命的心接受，也可以让痛苦快快过去，"痛快"地过日子。

时间一点一滴流逝，应步步踏实，充分运用每一秒，如此在一天中就可以做很多事；若不能将心照顾好，在分秒中一个心念、一个方向错误，就会造业，俗云："一失人身，万劫难再。"要再回头做人也很困难。

之一　钻石还是泥土？

人生短短数十年，忙忙碌碌地过一生，到底在忙什么？

是向苦难业障，还是开阔光明、充满活力与爱的境界而去？

时间对每个人都很平等，只是各人感受不同。每天睁开双眼，端视如何运用分秒，用得积极开心就是人间菩萨；用得不恰当，就可能破坏大地美景，不但伤害他人也伤害自己。

用在珍贵处

我常说："有智慧的人，视时间如钻石；愚痴的人，将时间当作泥土。"一般人认为钻石最有价值，就用钻石作为譬喻；其实钻石无法与宝贵的时间相比；钻石能替我们做什么？时间却能成长慧命，不仅关系此生，还与来生来世息息相关。

一个人能爱惜时间，踏实地对社会有贡献才算是"人生"；若不懂得运用时间，只为生活而追求、为自私而争夺，就是"众生"。真正的人生要懂事、懂理，懂得如何做人付出，才会从众生中提升人格。

每个人都应有志愿，能按照理想努力向前，就是好人生；然而实践希望除了要努力之外，也需要时间累积。常听一些成功的人说："我的时间不够用，恨不得一天有四十八小时。"可见成功需要时间精进努力。

有的人尽管为理想做好规划，却总是因一时感受而争不过时间；譬如冬天寒冷，留在被窝里温暖舒服，起床就很挣扎。其实宝贵的时间都是自己浪费掉的，并没有他人障碍，是自己将自己留在迷梦中，所以人最大的敌人是自己，重要的是能自拔，若是沉浸在懈怠的漩涡里，只是分分秒秒虚耗时间。

看到新闻报导，一群学生自愿利用年假闭关，加入读书营，请老师督促，使学业加快进步；五天后，课程告一段落，记者问："过年时大家都在玩乐，你们关在一起用功，有什么感想?"

一位学生回答："放假去玩，可惜时间空过了，我们充实自己的学业、知识，多赚了五天。"这样的孩子懂得爱惜时间。

还看到父母带孩子出去玩乐，记者问："小朋友，明天要开学了，高不高兴?"

他说："不高兴，还有很多没有玩，最好寒假放两个月，最讨厌开学。"

同样是学生，有的人自我充实，有的贪玩，让时间溜过。

人生应有时间的经营观念，不要浪费于无所事事，而应将每一分秒运用在家庭、社会。诸如台北有位老太太，儿女都很孝顺，为了庆祝妈妈六十岁生日，大家出钱鼓励她到国外游览。她告诉儿女："很高兴你们都很孝顺，我不出国，你们把钱给我，我拿给师父做好事。"

儿子说："您就去玩，和大家一起到国外看看，做好事以后再说。"

老太太很有智慧地说："你们让我出国玩是要让我高兴，我很高兴，若能做慈济就更欢喜了。"

老太太将钱捐出，对我说："师父，我很感恩有这条慈济路，让我种福田；也很欢喜我的儿女孝顺，让我出国玩，不过感觉还是帮师父盖医院，才是真欢喜。"

这位老太太真正懂得如何用钱、用时间；她以智慧分析，如何才是真欢喜——若是出国游览，不过十多天，坦白说，玩也会疲累、很辛苦，划不来；医院若是建设完成，分秒都能发挥救人的良能，可以存在数十年甚至百年，而且将旅游的十多天投入做志工，和人接触付出之后，真正有感受。

要将生命用在最需要的时刻，有人问我："生命的价值何在？到底要以什么尺度衡量？"我说："生命无法以尺度衡量，无法用金钱价值并论。生命是无价的，重要的是会用才有价值。"

生命谈到"生"，大家都很高兴；一说到"死"则深感惶恐,有些人即使已经年迈衰老,生命将至终点,依然会惶恐而无法接受死亡。所以透彻真理无关乎年龄,生命不在于长短。孔子说:“朝闻道,夕死可矣。”若能听闻一句真理,并加以实践,死了也不足惜。

因此不必计较生命长短,重要的是能否懂得人、事的道理,懂理后是否能实践?将生命运用在人、事、理会合的生活中。

忙与闲

现今假期愈来愈多,也造成许多问题;诸如有的人空闲太多,好像生活很无聊,于是饮酒作乐、花天酒地,酒醉驾车酿致车祸意外,或是借酒惹事,无端招致是非,作乱社会。

俗云:“闲人无乐趣,忙人无是非。”忙碌才不容易生出是非祸端。一般人常追求休闲生活,吃饱闲着真的好过吗?人生只是走走、逛逛,观光时所见的美景能常存心中吗?景色再美也无法带回,游玩回来烦恼仍在,有什么快乐可言?然而若是真诚地为他人付出,把握机缘伸手助人,就是一位人间菩萨;我们做一个菩萨游戏人间,心灵会常保欢喜自在的境界。

有次看到大爱新闻,同仁在环保站采访一位阿嬷,阿嬷一生坎坷，如今年事已高，生活仍遭遇许多不顺遂。问她："阿嬷，难道您都不会烦恼吗？"

她说："要烦恼，就要烦恼有用的、能解决的；如果没有用、不能解决的，烦恼它做什么？"多有智慧。

时下社会问题，多出于心灵不能调和，如何调适内心？多做好事，将自己的时间调适得充实忙碌，怎么还会有烦恼是非？

每个人除了关怀自己的家庭之外，若还能跨出家庭关怀社会，眼界及心胸都会开阔；看看他人的情况、生活，反观自己就会知足，让身心情绪调适好。

常做好事的人，能用爱心调适情绪，一旦面对无常，记得发挥毅力与勇气，比较不会因情绪失控而做出不可收拾的傻事。换言之，时时做好事就是心灵的抗体，不会受社会景气或心灵病毒感染，能把握时间锻炼自己的身心健康，生活才会快乐幸福。

就如有位个性刚硬的李师姊，由于先生是军人，时常不在家，年轻时要自己养育子女，凡事要做主，养成强硬性格。多年前中风，想想，原本是独立能干的女强人，突然半身不遂，如何接受现实？发病初期就乱发脾气，亲朋好友、左邻右舍见她脾气不好，逐渐减少往来。

直到她父亲往生，经由慈济人为她父亲助念的因缘，才开始慢慢接近她、了解她，进而给予辅导，带她到花莲参观静思精舍。她听进我的话也收看大爱台，并决心做志工；后来，她与大家分享：看大爱台是心灵复健，当志工是身体复健，做了志工就不能乱发脾气、随便骂人。

她尽管行动有些不便，仍殷勤地拄着拐杖，沿着大街小巷做环保，不在意他人投以异样眼光，还到市场里四处询问："这些纸箱我帮你回收好吗？""那些可以给我吗？"渐渐地，左邻右舍看到她用心做环保，改变脾气，深受感动而一起做环保，先生也陪伴她做志工。所以与其要求他人改变，不如先改变自己，复健自己的心灵，周围的环境就会随之改变。

还有一位老太太，一天早上她在散步，突然晕眩病发，刚好慈济人经过，立即伸出援手问候，帮她叫一部计程车送她回家。那时她问这位慈济人贵姓？这位慈济人说："只要记得慈济环保站就好了。"说完，为老太太付了计程车资。

"滴水之恩，涌泉以报"，老太太怀有回报的心，找到了慈济环保站，想寻这位师兄归还计程车钱，并向他道谢。但是一问之下大家都是慈济人，师兄为善不欲人知，不愿出面。为了报恩，她就投入环保站做志工；原本每天做两三个小时,愈做身体愈好,愈做时间也愈长,后来都从上午做到黄昏才回家。

由于她患有晕眩的宿疾,孝顺的儿女起初会担心,不舍妈妈在垃圾堆里做分类回收,表达反对的意思。她却表示:不想当病人,要做一个可以做事的人。她走出病恹恹的生活形态,发挥本有的潜能、力量,忙到忘记病痛、烦恼,还能健健康康地度日子;反而愈清闲愈会埋怨,杂念也愈多。

每每看到慈济人无悔无尤地付出,整天做得很累,还说:"做得很欢喜,很感恩。"自己出钱出力,还说感恩、欢喜,这就是"喜舍"。若问:"为什么要这么做?"慈济人会说:"欢喜甘愿",这种清明无所求的付出,"甘愿做,欢喜受"的境界多么高。

之二　秒秒过关

华人传统重视过年,一般人会说"过年关",我觉得每天都在"过秒关",因为在每一秒钟起心动念,何时会在刹那间影响一辈子,都说不定,所以人生要把握当下,时时注意每一秒钟,照顾好自己的心,朝向对的目标前进。

有时一念心的偏差,路的方向稍微走偏,就"差之毫厘,失之千里”;没有偏差的心念,就不会有偏向的落差。

年关与秒关

以前人烦恼过年关——上班族烦恼是否会被解聘;若有负债的,年底一到就会有人来讨债,所以许多人到了过年时,会感到烦恼、紧张;不容易度过的称为“过关”,因此叫做“过年关”。

若是一年过一次年关都感到担忧痛苦,还要“过秒关”,岂不是更加坐立难安?其实过秒关的意思是,人在平时容易疏忽当下,往往犯了错才说:“啊!我错了。”懊悔那一刻所犯的错误,或是前一个月、数年前做了对不起他人的事、说了不恰当的话语,假如没有当时疏忽的动作,之后也不会产生内疚与难过。

这就是因为过去做错的当下,分秒之间忘记照顾好自己的心,做错之后才悔不当初。譬如考试分数不够会很后悔——为何考试时过于紧张,许多题目都没有作答;或者拿到考卷时脑中一片空白,才开始后悔自己贪玩而没有用功读书。平常没有利用分秒让心静下来,境界一来才因定力不够而紧张失常。

因为过去做得不够,而后才对自己不满,若是不断地回忆过去，懊恼差一点时间训练自己、差一个心念讲错话，有不妥的举动等；然而一切既成过去，回首过往反而变成迷失当下。

反之，若不想过去，只想着未来，就是忽略现在。“过去的是杂念，未来的是妄想”，重要的是注意好当前这一刻。如是因，如是果，常造迷失的因，自然得到的是迷失的果；所以要过分秒关，无论未来究竟会如何，把握当下一秒钟，随分随力做好眼前事，不要讲错话、做错事、错过时间。

“过关”是一种积极的挑战心理，人生要保持积极的心，否则容易懈怠、堕落；“过秒关”就是自我警惕要惜时，与匆促的时间挑战才不会浪费人生，能时时多用心，勇于接受人事考验。

有位黄师姊，自幼随父母移居瑞典，长大后成婚，与夫婿勤俭地经营一家饭店，因收看大爱电视台而认识慈济；数年前返台，就到花莲参观静思精舍，感受到那分美善，而发心立愿做慈济。

回瑞典后不久，当地有两位台湾观光客游泳时发生意外，一人溺毙，一人被救起；离家遥远，举目无亲，被救起的那个人不知如何处理，因此打电话回台湾向慈济求援。

慈济人赶紧联络黄师姊，请她协助。黄师姊接到个案时很紧张，尚未有帮助陌生人的经验，突然要处理这么重要的事，让她很紧张；但是她随即转念——既然立定心愿，就鼓起勇气接下处理。黄师姐辗转找到这名台湾观光客就医的医院，给予关怀陪伴，协助处理相关事宜，直到往生者的骨灰与生还者回到台湾。

每棵大树都是从一粒种子开始，不要轻视一个小小的心念。曾见新闻报导一则悲剧——有位亚裔人士远渡美国纽约，获得一家大公司录用，生活安定；后来遭到裁员，他一时心念偏差，持枪到移民局绑架众人；警察展开围捕时，他开枪打死十余人，闯下大祸，最后举枪自尽。

我们应时时向内自省，倘若不断地计较、埋怨，就是自己这一念没有过关，种下不好的种子。生活中所遇到的人、事，不可能每个动作、每句话都觉得顺心如意，我们应借事练心，考验自己的功夫，遇逆境看能否不生恶念，还感恩对方；能如此，就要恭喜自己内心晴朗、自在，没有被这一关卡住。

要常问自己的心，不要问他人的心，看不顺眼他人的举手投足，要控制好自心——那只是对方这一秒钟的观念和举动。抱持这种心态，对方言行举动与我们的心就没有冲突，心关、秒关就跨过去。

此外，人生不离种种外在境界，若常起分别心，往往因为无法接受而产生关卡过不去。譬如端一杯热茶，冬天时接触热热的杯子会觉得温暖适意；夏天端这杯热茶，会觉得天气已经很热，加上烫手的杯子，马上就会排斥，这也是一秒钟的关卡，无不是日常生活所接触到的境界。若能时时注意“分秒关”，才能安度每一“无明关”。

年关前人人想要过个好年，那要先过好日，过好日要先做好人生，好人生就是常做好事；因为做好事能天天快乐，天天过好日、年年过好年。

八万六千四百秒

一般人都说一天廿四小时，我过日子则是算“一天八万六千四百秒”，如此秒秒认真，就感到内心踏实。俗云：“时不时，都在一时。”不需分别这个“时”还是那个“时”，过去的拉不回，未来的不可知，重要的是把握当下这一秒，才是真实的“时”，真有这一秒。

“空过一天，不如实用一秒”，一日八万六千四百秒，若是在无所事事中过去，就浪费一天；能好好地利用一秒钟，就是八万六千四百分之一日能受用，真正在心中有收获。

人生分秒必争，想想若是八万六千三百九十九秒，也不能算一天；历法上每过数年还要闰秒，可见一秒钟都差错不得，要好好地重视每一秒钟。假如以“秒”过日子，就会珍惜分分秒秒；以“日”度过，总觉得过了今日还有明日，过了今年还有明年，稍一不慎就空过时日。

贪图玩乐享受的人生，不仅浪费，可怕的是心念不正就会造恶业，来生受业力牵引则由不得自己；用得妥当、正确就会是粒粒好种子，积存善业。

难得今生有人身，要懂得“一寸光阴一寸金，寸金难买寸光阴”的道理。阿里山有位少年单纯向学，每天上学要步行一个多小时，即使生活环境不佳，难能可贵的是，他不仅包容善解，还懂得珍惜时间。

他每天回家的第一件事就是帮阿嬷做家事，为阿嬷分劳。他妈妈是“新住民”，来到台湾生下他就离家，少年从不埋怨，有人问他：“妈妈怎么不要你？”他都会笑笑地回答：“妈妈有苦衷。”他感恩为他付出的阿嬷，看到她一年年地驼背了，他要争取时间孝顺阿嬷。

阿嬷平常种菜、卖菜维生，他在小学三年级就学会煮饭炒菜，放学就赶紧回家做饭，让阿嬷回家有热腾腾的饭菜吃，多么懂事，令人感到很贴心。

他还有一个大伯，精神有点不正常，有时回家看到他在灯下做功课，就会关掉电灯还责骂他浪费电。他知道大伯的情况,没有怨言,赶着将家事做完,趁着天色未暗写功课,有时必须到外面借着路灯写功课;如此刻苦,没有缺漏任何一天的功课。

问他:“你最想对妈妈说的话是什么?”

他回答:“期待妈妈能早日回来,让阿嬷不要担心。”

“你最苦恼的是什么?”

“阿嬷的菜卖不出去,因为菜若卖不出去,阿嬷就会烦恼。”

“那你想做的事是什么?”

“希望爸爸能回来,我可以炒菜煮饭给爸爸吃。”这么乖巧的孩子,多可爱。

诗云:“弃我去者,昨日之日不可留;乱我心者,今日之日多烦忧。”过去的分秒无法留下,今天又有许多令人烦忧的事,是多遗憾的人生;何不把握此刻,多学习一些好事,做一些真正有意义的事。

平常心过门槛

人生在世,不离世间的人与事,然而滚滚红尘无法尽如人愿,也无法一切都按照计划运行,这就是人生的形态。尽管如此,身体可以动,尽力做事,同时要照顾好心,面对世事不烦不乱则可以应万变。

耐劳、耐苦可以克服事物、环境的困难，对人若抱着一分欢喜爱敬的心，无论什么动作，我们都能接受或者以身作则加以感化，如此生命中每一秒的关卡都能顺利通过。反之，若常起一分不平的心态，以不平常的心看待事物，就会常感到痛苦、惶恐。

日本过去有位学习剑术的人，向一位有名的剑术家拜师求艺，问老师："要成为一个成功的剑客，必须抱持什么心？如何应付敌人刺来的利剑？"

老师说："抱着'过门沟'的心态，就可以练好剑术，对付迎面而来的利剑。"

在日式建筑中多用拉门，木匠会筑一道"门沟"，让两片门有轨道便于开阖；想想，人要跨过门沟有何困难？为什么要成为一个剑术家，只要抱着面对门沟的心态就可以取胜对方？

练剑时若用真枪实剑，稍一失神或有丝毫误差，利剑就伤身，这是攸关性命的事。面对攸关性命，有时过于紧张反而容易失败；所谓过门沟的心理，即是"平常心"，时时抱着平常心就可以应付紧要的关头。日常生活中所遇的人事，偶尔也会感到难以处理，但是只要抱着一分平常心，就可以时时轻安自在秒秒过关,原来修行就在生活中。

二〇〇九年八月莫拉克台风侵台,酿成重灾,真是悲极无言。感恩慈济人及时投入救灾,即使自己受灾还能临危不乱,安抚他人。有位郭师姊住在六龟山区,台风前先下山到慈济成立的防台中心帮忙;未料风灾严重,交通受阻,公公、婆婆、先生都还在山上,她虽然内心煎熬,但是仍强自振作精神。

许多民众为山上的家人心急如焚,情况纷乱,她挺身而出劝慰大家:“我也有亲人在山上,这时候我们应该心平气和,虔诚祈祷。”这分精神很难得,直到她婆婆被接下山,看到媳妇直说:“我好怕。”她拍拍婆婆,拥抱一下:“平安就好。”

隔天看到她婆婆从高雄分会出来,问她:“您要去哪里?”

她说:“我要去灾民收容中心。”

“您不是昨天才下山来吗?”

“我去安抚大家,让大家安心。”

老人家看得开也打起精神辅导他人,看到有人从直升机下来,或者在现场焦急地等待家人,她都上前拥抱,告诉他们:“遇到这种事,我们要坚强,我也是昨天才下来,山上的人都很平安。”

遇事不要乱了心，心要平而静，人人都有本具的潜力、智慧。南投一位陈师兄，眼睁睁地看着七分田地被滚滚洪水冲毁，还是赶紧与大家会合，投入救灾。

有人问他：“你的番茄园地都被冲走了，怎么办？”

他说：“现在赶快做救人的工作比较要紧，其他的都不用想了。”真正做到“前脚走，后脚放”。

他平常吸收慈济的法，了解慈济人在何时应该尽什么功能、良能，要以何种精神化解自己所遭遇的困境，都是很令人感动。

之三　一秒钟成一辈子

犹记我在二十余岁皈依时，我的师父（印顺导师）才五十多岁，而今感觉好像才发生不久；其实时间总是不断地流逝，不过有一件事仍历历在目——当时我皈依跪下时，我的师父说：“你我师徒因缘特殊，入戒场的时间快到了，我无法告诉你很多话，你要记得‘为佛教，为众生’。”

“为佛教，为众生”六个字不用一秒钟就说完，我的心一阵震撼，牢牢把握住这句话，“恒持刹那”，一辈子走来至今。

佛法要运用在生活中,若能每一秒钟都踏实地依法而行,“把握当下,恒持刹那”,那么每秒钟无不是造福德。

发心的当下

每一天的分分秒秒,无论付出或是与人广结善缘,都要能把握因缘。有则故事——欧洲冬天的气候严寒,时常下着大雪。有一天大雪纷飞,一位年轻人开着电视、听着音乐,他的父亲走到身边,拍拍他的肩膀说:“孩子,你觉得音乐好听吗?”

他说:“好听。”

父亲说:“听了音乐之后,你能记得多久?”

年轻人愣了一下,不知如何回答。父亲接着说:“你要不要做一件可以永生难忘的事,而且一生回想起都会很快乐?”

他问:“什么事如此特别?”

父亲伸手指向隔壁,说:“昨夜又下了一场大雪,隔壁独居的老太太,已经多日没有出门购物。你能不能拿支扫把,帮老太太扫一扫屋前的积雪?”

年轻人想想,说:“好啊,只是扫扫地上的雪,没有什么困难。”于是他拿了扫把到隔壁清扫。

当他清除积雪，回屋不久，看到那位老太太打开房门，探出头看一看，发现屋外路上已经没有积雪，露出很开心的笑容；随后提个篮子，小心翼翼地出门去了。这位父亲站在年轻人的身边，问他："你看到了吗？老太太能出门了。"

他回过头，高兴地拥抱着父亲说："感谢爸爸，让我知道帮助别人是这么快乐的一件事。"

二十年后，年轻人也有了孩子，于是将这个故事讲给他的儿子听。当年父亲教导他的这件事，令他永生难忘，回想老婆婆看到屋前积雪已经扫干净时的神情，让他永远记得——看到他人满足会心的笑容，是世界上最美的脸孔。

其实无论修行或行善，都在日常生活中；能时时保持一分善心，凡事懂得把握时间尽本分，内心就会轻安自在，生命也会更加充实美好。然而"发心容易，恒心难"，有时候看到他人行善很感动，听到做好事也会发心投入，但是往往流于一时的感动与发心，三分钟热度难以成事，因此必须"把握当下，恒持刹那"。

什么叫做"恒持刹那"？刹那，即是起一念心的短暂时间，发心立愿不需长久，只要起一个心念；但是起了一念善心，要赶紧把握刹那间的心念与愿力，"恒持"生生世世，恒是长久，持是把握；能把握刹那生起的好念，则终身受用不尽。

完成一件好事，需要许多因缘会聚，重要的是能否把握时间、机会，及时去做，恒常保持愿力，才能发挥生命价值。我曾在丰原慈云寺住一段时间，做过割稻、插秧、除草等农事。记得有次除草，我站在田埂上放眼望去，一甲多的地犹如没有边际；尤其时逢早春，田水寒冷，面对这一大片田，不禁感到难以完成。

然而转念：对的事，做就对了。当下就从手摸得到的地方开始除草，专心做眼前的工作；不浪费时间去想这片田到底有多大，只要把握眼前能做到的范围，认真地步步踏实做，最后终将整片田的杂草清除干净。

人生道上，若能及时付出，慧命就得以增长；若是庸庸碌碌什么也没做，慧命则停滞。所以“多做多得，福慧双修；少做多失，福慧双休”，把握一念初发心好好地做。

自古以来，哪一段历史不是由刹那累积？人生要用心抓住时间，做人处事一切无不是要多用心；有做就有得，做了就有感受，把握当下的一秒就是人生的永恒历史。

力行一生的方向

慈济成立四十周年时，一位师兄弟来看我，他说：“有位法师托我一定要告诉你一句话。”

我说:“什么话?”

他说:“人生四十很难得,有四十个年头平安地走过来,真是不容易。”

用心想想,感觉这句话意义深长。人生难得走对的路,走对了路,难得有人愿意跟随,当初做慈济迄今,四十余年的时间应不算短暂;一路走来再回头看那时的起点,方向没有毫厘偏差,感觉很值得。

人生能有几十年?对准正确的方向就要精进向前,自然步步累积。数年前,伊朗一场强震导致伤亡惨重,慈济人及时奔赴当地援助。起初语言不通、人生地不熟,克难地展开勘灾行程,一路上一边勘灾一边义诊。有位伊朗军医看到志工身上“蓝天白云”的制服,问:“我好像曾在什么地方看过你们,你们是不是有电视?”

“有,我们有大爱电视台。”

“对,应该就是那个电视台,常看到像你们这样穿着的人,在各地做好事。”

因为大爱台有些节目有英文字幕,所以他看得懂,还说:“有位‘老师’常在电视上说话,内容很有道理。”

他们对人的尊称是“老师”,约旦的陈居士就拿着念珠上我的照片，问他："你说的那位'老师'，是不是这位？"

"对，就是他。"

互动中，他认出慈济，因此慈济志工要向当地介绍，或者进行什么事，都由那位军医代为翻译，"台湾来的慈济"，得以在伊朗畅行无阻。

做到在国际间被人认出是好团体，除了感恩大爱电视台的宣扬之外，还要感恩全球慈济人，无论在台湾或世界各地穿着"蓝天白云"到处付出，自然不用多做解释，大家都看得到慈济人的成果，这就是长久以来的累积。

一世的累积，好的种子可以增长慧命，造福后世。佛教有一则故事——从前日本有位坚毅非凡的铁眼和尚，为了宣扬佛法，发愿筹募经费，翻刻佛经，以广为流传。

相传有年冬季，大风雪来袭，整个京城笼罩在冰雪之中。当时铁眼和尚为了募集经费，常常在进城要道的桥梁上，请过路人发心捐助。虽然天气严寒，刺骨寒风吹得他全身打颤，但是仍以宏亮的声音，向过路人劝募。

有的人看和尚如此辛苦，钦佩他的精神，而捐出一些钱；也有人冷眼看待或视而不见。一天有位武士骑马经过，和尚向武士说："我是铁眼，发愿要刻一部大藏经；这部大藏经对我们非常重要，能净化人心、拯救人类，请您发心捐助。”

武士不相信单凭个人的力量，一分钱、两分钱地劝募，就能完成翻刻大藏经的工程，因此不以为然，自顾自地离开。铁眼和尚不放弃，边追边说服武士：“请您发心成全这分善愿，哪怕只捐一分钱，我也很感激您。”武士不堪其扰，只好丢一分钱到和尚的钵里；当他看见这位满身雪花的和尚，恭敬地向他鞠躬道谢，内心不禁一震，深受感动。

后来大雪融化，竟酿成严重水患，许多人家园遭殃，生活无着，在生死边缘中饥寒交迫。铁眼和尚不忍心，就将为刻经劝募而来的善款拿去买米，赈济灾民，最后将募来的钱花用殆尽。

这场灾难过后，铁眼和尚又出去劝募刻经的钱。有的人佩服他的爱心而随力赞助，也有人不能谅解，认为他利用刻经名义行骗；虽然铁眼和尚因救济灾民而招来毁谤、辱骂，甚至有人拿石头丢他，但是他仍然抱定坚忍的意志，毫不退缩地继续劝募。

铁眼和尚计划以数万片樱花木，请一百位雕刻工匠进行这项浩大的工程。那位武士偶然获悉此事，内心更为震撼，心想：这位和尚好伟大！为了救济灾民，中断刻经工作，不得不忍辱再向大众劝募。因此武士发了一分善愿：我一定要帮助他，让他早日完成心愿。

于是武士从奈良运来数万片樱花木送给铁眼和尚，刻经的工程总算稳定。等到全部的经书完成时，前后已花费十余年的时间，终于成就日本第一部大藏经。据悉这些樱花木刻板保存迄今，许多经典都是由这些刻板印刷出来的，这是铁眼和尚依靠无比的毅力所完成的大工程。

“有心就有福，有愿就有力”，毅力和愿力多么重要；发心立愿，确立人生方向，就要恒持初发心，力行一生。

第三章　分秒有效“用”

常听人感叹：“时间不够用”，其实时间空无一物，摸不着、抓不住，能否发挥价值端视人如何利用、分配。

有一位马来西亚的同学，拿了一个装满大小石头的玻璃罐，准备要送我，还告诉我这罐石头的故事——

老师带着学生到野外教学，捡起地上石头装入玻璃罐内，一颗一颗快装满时，问大家：“快装满了，还有空间再装吗？”

一位同学说：“还可以装。”他捡起小小的石头，果真装了不少。

老师问：“还有空间再装吗？”

另一位同学说：“还有空间。”于是继续装入细沙，不一会又装满了。

老师问：“还能再装吗？”

大家都说："没有空间了。"

老师说："不要忘记，还可以装水。"

这位同学分享，这件事让他领悟，凡事要自我调适——大石头如主要的工作，小石头是次要工作，先将主要、重要的工作安排好，再安排次要工作，妥善分配时间，不要忘了自己该做的事。

现代生活匆促忙碌，倘若没有时间观念，不懂得如何安排、利用时间，会被时间所利用；我们要做时间的主人，自我管理时间，就能事业、志业平行精进。

之一　细算人生

现今社会消费者多，因而以此为喻，计算人生的时间。一般而言，现代人在二十岁以前是人生的消费者、受惠者；二十岁之后才开始为社会、人类付出，尽一分做人的责任；六十岁之后从职场退休，又转成依赖社会资源、家庭的保护，甚至有人一生几乎虚度在吃喝玩乐中。

有时听志工说："我很忙。"我说："忙是福气，没事做就很'费气'（闽南语，意为麻烦）。"没事做或不做事，都很"费气"，人生能做事才是生命的价值。想想，其实一生能真正做人，为人做事的时间，细算起来并不多。

三分之一的实用

有次一位慈济人带她就读大学的儿子来，我问他："你读什么系？"他回答是经济系。

我说："读经济系应该懂得计算，你会算人生的时间吗？"

他不太明白我的意思，我换个方式问："你一天睡几小时？"

他说："八小时。"

"读书几小时？"

"应该也是八小时。"

"剩下的八小时你做什么？"他笑而不答。

我说："睡眠八小时多了点，其余的八小时若都在休闲、无所事事，可惜浪费了，这是不懂得计算真正的经济；世间的经济，总是好坏起伏，有时亏损，有时还能盈余，但是人生的时间若流失，则永远无法挽回，我都是计算生命中时间的经济。"

细算人生的时间，一个人一天睡八小时，等于睡了三分之一；寿命若是六十岁，就有二十年在睡眠之中度过，无法与外界互动。此外,还有年幼懵懂的时刻、读书学习的时间,平均约需二十年。若用餐饭需四十分钟,一日三餐要花二小时,一年花在吃饭的时间有七百多小时,这些都是实际需要花费的时间,还不包括休息、玩乐、无所事事的时间,剩下真正利益人群、付出的时间有多少?

我们应学习人生的经济学,而非斤斤计较于财物多寡的经济。俗云:“人算不如天算。”汲汲营营于算计的人生很辛苦,有人为经济奔忙,拼得一生辛苦、一身病痛,最终收场又如何?所谓事业,有事就有业;事业愈大,债业也愈大。

人能得温饱即已足够,不要虚荣贪心,重要的是付出一己良能。以前社会虽然生活普遍不宽裕,教育程度也不高,家庭中兄姊要帮父母照顾弟妹,甚至小小年纪要做童工补贴家计,但是当时的人吃苦耐劳,很早就能为家庭、为社会贡献自己的一分力量。

反观现今父母费心培育子女,社会资源充足供应,每个人究竟有多少时间回馈人群?

四岁老翁

世间的一切历史、珍贵事物都存在时间的宝库里;不懂得善加利用的人,时间也可能成为罪恶的深渊。

有位七十八岁的老先生，每天早晨拿着扫把清扫街道。在清晨寂静的境界中，听到扫帚扫过地面的声音，仿佛是美妙的音乐响起；看到清扫过后清净的道路，不由得让人心生欢喜。

一次他正在扫街，有人问他："阿伯，请问您几岁？"

他伸出四只手指。对方又问："是七十四岁还是八十四岁？"

他却回答："都不是，我才四岁而已。"

邻居听了都很疑惑：为何阿伯自称四岁？老先生接着解释："若是算寿命的时间，我已七十八岁；但若计算真正有用的人生，我真的才四岁。"

他对大家说："过去七十年，我的人生像一场迷梦，可说是白过了；七十岁后，才由迷梦中觉醒。之后的八年当中，扣除吃、睡、休息的时间，只有四年真正在工作，才算是人生，如此计算，我只有四岁。幸能及时觉悟真理——时间是累积功德的宝库。过去已消耗七十年，如今就要赶紧做一些自己能做的事，表面上我在清扫马路，其实是在清扫自己的心地。"

这位老先生直到了解真理后，才开始"学做人"，不仅过去迷惑的岁月不算是真正的人生，还要扣除睡觉、吃饭的时间;能真正行动,做利人利己的事时,才计算成“人生的时间”。人生的真正价值在于使用身体,能帮助利益他人;若只是享受,消磨大地资源,对社会人群没有贡献,这是消费的人,以佛法而言是消福。

佛陀来人间,说救济或教化“众生”,而非救济“人生”,因为人在世间若空过日子,就无异于一般鸡、鸭、虫、蚁等众生;能来人间走一趟很难得,要为时代作见证,为人类留历史;昨日所做的工作就是今天的历史,今日的工作也将成为明天的历史。将对的事做好,这些足迹就值得留存,写入历史中。

添寿二十年

人生这条路是长是短?任何人都无法预料,其实生命不在长短,端视如何运用与提升价值;即使寿命再长,若不能发挥价值也是徒然。何况哪一个人能永远存活在人间?佛陀在世间的寿命,也不过八十年,真正发挥利用的时间长达四十九年,这就是最有用的人生。

犹记多年前,有位太太告诉我,她先生往生,她难过得恨不得和先生一起走。我问她:“你先生从事何种工作?几岁往生?”

她回答:“我先生是医师,六十岁往生。”

接着又说:“我先生是一位很好的医师,别人一天工作八小时,他几乎做十六小时。一大早就忙着看病,有时都没有时间吃饭;常常晚上十一二点才休息,半夜若有人敲门,也照常开门应诊。”

我说:“他一天工作十六小时,不断地为患者付出,这都是在救人,确实是位好医师。”

那位太太哭着说:“有人说:‘好人会长命’,为什么他六十岁就往生?”

我说:“你先生的寿命不只六十年,因为生命价值的判定,要视如何利用生命。别人每天利用八小时工作,而你先生则是十六小时为人群付出,所以他的生命价值应该比别人加倍得多;以此观点计算,他至少有八十岁的价值,因此你要为他欢喜、祝福,他已真正充分地利用生命,人生没有遗憾。”

原本她的双眼泪涟涟,听了这些话之后,而能展露笑容,眼神也散发出光芒。她说:“我先生真的充分利用时间,他的生命确实很有价值。”

人生在世,脱离一切自私、追求的烦恼,为人群而生活,才能自在、轻安,真正发挥人生价值,是真正的人生。

凡夫追求长寿，但长寿是否都很有福？印度有位一百三十七岁的人瑞，可能是世界最老的人，他的身体很健康，一句话常挂在嘴边："上帝遗忘我了！"他很感慨，所有的朋友早就陆续往生；甚至自己的子女、子孙、朋友的子孙，也一个个比他先走。他表示，很多人都遗忘他了，世间好像忘记他的存在，也许他的日子过得很寂寞。

人生何必在寿命长短数字中计较，与其想尽办法求添寿，不如扎实地发挥生命效用，才是真正的长寿。生命能活得充实，一分当作二分用，甚至当作十分用，如此假如寿命是六十岁，生命价值就有六百岁；人生步步踏实，这一生就可说是万寿无疆。

之二　与时竞争

有时有人到静思精舍用餐，会问我："怎么吃得这么快？"我回答："时间不够用。"听闻有人一餐饭可以吃三小时，我则是连吃饭的时间都要争取。

曾读过一篇有关百丈禅师的文章，有次他轮"香灯"的职务，必须较他人早起敲板，整理大殿。一日清晨，他睡迟五分钟，惊醒发现时心里很难过，赶紧敲板、整理大殿，早课也慢了五分钟。做完早课之后，百丈禅师向丛林里五百余位出家众顶礼、叩头忏悔，他说："一个丛林有五百人，我耽误每个人五分钟，五百人合起来有多少时间被我耽误？"

这篇文章令我印象深刻，尽管事隔数十年，仍然记忆犹新牢记心中，所以我常与时竞争，认真地把握当下，就是要分秒不空过，步步踏实做。

规律生活

现代人常因忙碌而作息紊乱，有时日夜颠倒，生活很不规律。其实该工作时要分秒必争，该休息时就应休息，以储备白日工作的力量；人生的时光可贵，不要将大好的白日浪费在无所事事上，应该分清日夜作息，好好地规律生活。

我们生活在天地之间，应配合大乾坤的自然循环——太阳升起时，随着醒来准备今日该做的事，各人守好各自岗位；日落时下班收工回家团圆，是一个家庭最幸福的时刻。

时日苦短，大家应学习如何自我安排时间。高雄一位妇女，结婚时先生缺乏家庭观念，生活重担都落在她身上，她独力持家、养育子女，辛苦地坚持自己的人生。想想，一个人的时间有限，同时要负担家庭生计、照顾儿女，谈何容易。

不幸的是，她三十余岁时发现罹癌，不久又诊断出甲状腺长瘤，疾病相缠，对她而言是很大的折磨；面对先生的不体贴，还有幼子仍需要养育，她同样上班、理家，勇敢地利用病体和时间奋斗。直到十多年前她接触慈济，听闻佛法而了解还能做就是福，从此不怨天尤人，人生抱持“甘愿做，欢喜受”的心态，就会很轻安。

生活中，她看到有的人已经很有钱，又嫌缺乏名利地位；有的人有名有利又位高权重，仍不知足，还要孩子乖巧、成绩优异等，种种的抱怨与要求。她总是心想：大家都缺那么多，我则是什么都不缺，只缺时间，只觉得时间不够用。

有缺时间的感觉，就是积极的人生；反之，若常感“有的是时间”，如此的人生就在懈怠空白中虚度。这位师姊身患癌症还承担两份工作，每天到合作社上班，到便当工厂装便当，究竟还有多少时间？没有人知道。而且孩子的栽培尚未完成，以及她发心立愿行菩萨道，在在需要时间付出。

她如何分配时间？清晨六点出门回收资源，无论刮风下雨、四季寒暑，都会走上街道，捡拾纸板、宝特瓶、铝罐等回收物；回家整理好资源，家事打理妥当，就出门上班。两份工作都是赚钟点费，到了下午三点多结束，又投入环保直到晚上,这就是她的生活。

尽管生活清贫,她甘愿无悔,彻底运用时间。有人告诉她:“你整天不停地做,好像陀螺一直转,连睡眠都那么少,真是虐待自己。”

她回答:“怎么会?睡得少是为了多利用时间,师父说:‘累了换另一样工作,就是休息’。”

她努力工作维生,将做环保当作休息,视沿街行走为绕佛,弯腰捡拾回收资源则是礼佛,心都不离佛,这段人生过得多么丰富。

有人劝她:“现在医学那么发达,可以考虑开刀治病。”

她说:“不必了,我已经签下捐赠大体,有多久的时间就做多久。”

这位师姊一生坎坷,却一点都不埋怨,懂得利用生命,真正是走入现代藏经的经典人生,令人敬佩。

现今科技发达,为人类带来许多便利,节省不少时间,但也有人误用科技而迷失,到底是便利人生,还是颠倒人生?其实端视人的心态,心态是可以调整的。有位大专同学分享:“过去无所事事浪费时间,来到静思精舍几天,起床的时间比以前要睡的时间还早,不过感觉时间过得很充实。”我们要把握时间认真工作,做完后就会有成果;若日夜颠倒、空过时间，真的很可惜。

晨钟法香

一般人将往生比喻为长眠，其实每个人每天的睡眠也无异是“小死”；长眠等来生，小死等明日。许多人很精进，凌晨就开始投入环保工作，问他们：“为什么要那么早？”“师父说过，人生时间不多，多睡多浪费，多做多得。”这都是在一念间。

人生难得能遇到好因缘，却将时间用于休息、睡眠，这是消磨生命。把握时间付出才能成长德行，何况睡久并不轻松，反而浑身疼痛，感觉沉重；睡得愈多头愈昏，无法清楚思考道理。诸如平常看到有人昏昏沉沉，会问：“怎么了，没睡醒？”因为人虽然醒了，但是头脑仍在睡，被昏沉覆盖心境，即使与外面的境界接触也听不到他人说什么，无法分别真假善恶。

有人认为，自己不贪心也没有发脾气，为何不能多睡一点？正因为自以为没错，理所当然地昏沉下去，对慧命、生命都没有利益；人人本具光明的智慧，若无法在日常生活中保持清醒，于事物理之间清楚分明地发挥，岂不是很可惜？我们不应只是活着消费，而要疼惜慧命，提起精神为人群奉献。

倘若不思精进，只是停在原地不动，时间仍流逝，身体也会不断地老化、衰迈；所以要趁着精神与身体状态良好的时候，尽量发挥良能效用。曾听医师建议用餐八分饱即可，其实睡眠也可以打八折，六小时应已足够，争取充实的生命——利用四分之一的时间休息，四分之二的时间付出，剩余四分之一的时间吃饭、休闲应绰绰有余。

有本杂志提起“晨型人”，也是推动早起的观念，有益于身心健康。一般人说早睡早起，我则说“晚睡早起”——晚上十一点前睡觉，一天廿四小时，晚上十一点就是廿三点，是“晚睡”，隔日清晨五点起床，是“早起”，如此不会因睡得过头而导致头昏脑钝，习于懒散。

起初要早起或许有些困难，有一个方法——翻个身，转个念头；起床后，会感到很快乐、有朝气。时常训练自觉自醒，该清醒时要清醒，该休息时赶紧休息；时时警惕自己的精神观念、思考模式，如此即成生活中的习惯。

曾有父母将孩子带到我面前，告诉我孩子整夜不睡，沉迷网络。我问年轻人：“你怎么不睡？”

他说：“有。”

我说：“你太晚睡了，是不是早点睡？”

他调皮地回答:“我很早睡,五六点就睡了。”

电脑网络普及后产生两种截然不同的现象:一种是诱人走入迷茫的岔路,熬夜沉迷而无法自拔,白天精神不济,上课打瞌睡或是工作恍惚,影响现实生活甚巨;另一种是开阔视野看世界,拓展智识。所以要导正方向,正确地运用科技带来的便利。

一群慈济青年运用电脑网络,在国际间互相联络,推动“晨钟起薰法香”——大家共同在早晨五点半开启电脑连线,收看大爱电视台在网络同步播出的“静思晨语”,也就是我们在静思精舍早课后,我上殿讲经的内容。他们除了接受学校教育之外,每天早上认真听讲,勤做笔记,从佛法开启智慧,很用心精进。

这群响应“晨钟起薰法香”运动的年轻人分享,早起真好,感觉时间更充裕;因为听完讲经后才六点钟,可以准备许多功课,而且精神清新专注,身心轻安自在,不容易发脾气。推动这项运动,将生活调适得正常规律,可以充分的利用时间。

这就是《无量义经》所描述的“恬安淡泊,无为无欲,颠倒乱想,不复得入”,是我们追求的心灵境界,大家可以互相提携、精进,没有空间的阻隔,也没有时间的障碍。

周休与周修

现今社会注重休闲，假日众多，慈济人则是连假日都“分秒不空过，步步踏实做”。一般人周“休”二日，慈济人是周“修”二日，把握时间投入环保志工、社区活动等修行，为人间付出，提升生命价值。

周“修”二日，并非平常对上班时间斤斤计较，等到休假时才做好事，如此修行二天却计较五天，也是很辛苦。每天都应开启心门，悲悯苦难苍生，解决人间苦难；从付出中体会人生道理，舍得财物、时间还有身力，才能真正得到轻安自在。

多年前有位从美国回来的教授和我会面，他希望将自己的才能回馈、奉献给台湾，因此回来负责一家医院，全心全力投入医院事务中。他太太说：“我先生的工作量，每天至少十四个小时以上。”我高兴地说：“找到知音了。”能利用人生、发挥功能很难得，尤其时下许多人都计较上班时间，不断地要求缩短工时，如此不知社会将如何发展？倘若人人都像这位教授，投入工作发展理想，不计较时间投注全部心力，则社会必然远景无限。

每到连续假日时，有些年轻人会来告假，我问：“要回去几天?"他说:"四五天,回去帮妈妈打扫。"懂得利用时间分担父母辛劳,我听了很高兴;反观有人觉得平常工作辛苦,难得放假,赶紧轻松玩乐,这都是观念上的偏差。

常听人说"休息是为了走更长远的路",好像很有道理,但是在人生道上追求目标,必须踏步前行才能到达。倘若贪图休息,就如"龟兔赛跑"故事中的兔子,虽然跳得很快,但是到了中途要休息,最后还是输给乌龟;尽管乌龟走得慢,却能踏踏实实,走稳该走的路,终能抵达终点。

人生目标可以远大,"希望"不要只放在脑中,而应放在足下,守时、守道,一步一步踏实走。

之三　生命的长度、宽度与厚度

多数人希求长寿健康、生活富裕、子孙乖巧,但是人生无常,并非想求就能得到。无人可预测生命长度,但是每个人都能自我拓展生命的宽度、厚度与深度。倘若生命只为自己,自私自利、贪求生活享受,狭窄的生命道路会很孤单,再长也没用。

因此要拓宽生命道路,路开得愈宽愈多人一起走,心能包容太虚,爱能互相交融,就是开阔的生命。

人生只有使用权

莫拉克台风造成台湾“八八水灾”，这波恶水淹没家园、财产，损失多少人命，造成多少人无家可归。山区豪雨不断，只听到一声“轰隆”，许多居民就来不及躲避；大水挟带着大量土石崩塌，瞬间掩埋一两层楼高，真是惨不忍睹。

许多灾民面临生离死别，哀痛逾恒，听闻一件悲惨的事——当时正逢八月八日父亲节，有位父亲长居都市的儿孙、媳妇都回家庆祝，还来不及晚餐，一家十余口不幸罹难，只剩下这位老父亲；瞬息之间房子没了、田地流失，亲人全埋在地下，真是情何以堪！

昨是今非，生命无常。我常说：“人生没有所有权，只有使用权。”还能把握使用权时，若是理念正确，投入社会公益、广利群生，就是发挥生命价值；理念若有偏差，花天酒地、纸醉金迷，即使有再多再高的名利、地位，不能及时把握造福，终究散尽钱财、身败名裂，人生到头来是一场空，何况还不知造下多少恶业。

人生没有什么能永远属于我们，不过若能展开大爱，彻底“把握当下，恒持刹那”付出，就能增长永恒的慧命。

佛教中有则公案——两位修行人相约寻访名师，出门一连走了几天的路，深感辛苦。其中一位说：“我很疲累，再也走不动，我想到这里就好，不想再走了。”

另一位劝他：“我们要精进，想想这几天已经走了这么多路，剩下不多，再继续走。”

想放弃的修行人说：“我真的不想再走，还是回去好好修行就好。”

精进的修行人说：“不然，我尽量帮忙你，譬如我来拿重物，辛苦的事由我来做，还是结伴一起走。”

想放弃的修行人还在思量是否接受条件，精进的修行人又说：“但是有几件事无法替你做。”

他问：“什么事？”

“譬如吃饭、穿衣、走路等，你要自己做，我无法替你。”

原本想放弃的修行人一听，犹如当头棒喝，他觉得：对！自己吃饭才会饱，自己走路才能到达；我若不吃会饿死，不精进则无法增长慧命，所以应该要挑起行囊，继续向前走。

这则故事教育我们要时时警惕，生命的使用权应用在何处？若不赶紧把握发挥，无法增长慧命；所谓自修自得，不修就不得。

写下精彩文章

每一天是一页白纸，每做一件事就是笔迹，而待人接物全是文章。浪费空过如同乱写乱画，成为一张张废纸；每天若能珍惜应用，就如写下一篇篇好文章，变成最有历史性的一页。如何写下成功的人生篇章？当然需要把握时间。

有位陈居士将他的生命价值运用得淋漓尽致，少小时随着军队来到台湾，那段时间真的很辛苦。一次在部队中的野战训练发生意外，让他提早退伍；接着为了生活而去当船员，跑船二十余年；后来离开海上生活，投入清洁工作，成家也有了孩子。

他是一位心宽且能守住人生责任的人，不仅爱家庭、爱家人，也爱这片土地的所有人。原本他就很有慈悲心，不忍众生受苦难，虽然自己辛苦工作赚钱，但是看到苦难人都不吝于伸出援手，也会捐善款。

在九二一大地震之后，他用心地投入我们援建的希望工程，从不缺席。有时慈诚队员疼惜他年纪这么大，不舍让他太辛苦，因此故意不派工作给他。他心想：不派工作给我，我就主动找人。自己打电话问："我还能做，你一定要让我付出。"他很能善解，知道他人是担心他太辛苦，而不会误会嫌弃他老迈,或是瞧不起他,所以自己主动找工作做。

他认为,做慈济是一大快乐的事,不能空白过日子,所以每次有人告诉他:“怕你太辛苦。”他都会说:“我不怕做,怕来不及做;师父说:‘行善、行孝不能等。’”每每谈及行孝,他总有一分心灵的激动。

因为大时代造成他少小离家,父母远在大陆,时空阻隔,他已来不及行孝;所以他要把握每一个为善的机会,只要对人群有利,能爱护大地,他一定要努力做。

尽管年近八十,他还是分秒不空过,爱人、爱家、爱大地,同时将自己的最后交代得很清楚——签署大体捐赠,还对儿女说:“你们也应该签器官或是大体捐赠。”无论在少年、中年、老年时期,不同阶段的年龄、形态,他总是把握当下尽形寿,是多么有价值的人生。

在大爱台的《草根菩提》节目中,还曾看到一位身体健朗、健步如飞的阿迈阿嬷;她的儿孙孝顺,不愁吃穿,儿子常对她说:“人老要享福。”她却勤奋地投入环保志工,她说:“做环保,没烦恼又身体好。”

她自十七八岁就跟着养父种田,做到如今仍然下田、锄草,斗笠一戴,头巾一绑,体态挺直,丝毫不输三四十岁的壮年人。她每天骑着四五十年的老式脚踏车出门做环保,将回收物高高地叠在中间，两旁载得满满的，左邻右舍都称赞她："很行，八十多岁了，走不停，一直载。"

做环保回收来的饲料袋，她会拿到水沟仔细地清洗干净，然后铺在庭院晒干才收起来。我们的同仁访问她："阿嬷，为什么要这么仔细？"

她说："做事就是要认真一点，这也叫做'虔诚'。"

又问她："您年纪这么大，做那么多不会累吗？难道不想休息？"

她说："累是会，也真的做很多年，从十八岁做到八十多岁，多少年你可以帮我算算看。不过，能做就是赚的。"

看看阿嬷的生命中，利用时间付出多少？她长年耕种供应人间粮食，若以一年二获计算，六十年就是一百二十获；稻子的收成有多少？提供给市场人群又有多少？为家庭殷勤做家事，养育子孙；如今为地球环境付出，人生不空过就是生命的价值。

辑二　空间

每个人心中都有爱，
若只局限于自己所爱的小小范围，
如此爱的空间太狭窄，所以要开阔空间。

第四章 透彻空间

空间包括四维、上下的相对方位，诸如在花莲面向东是海，海的东边是美国，美国的东边还有东边，因为地球是圆的，所以东西南北无量无数；何况空旷的宇宙无边无际，就叫做空间。

圣人的心灵世界，不只局限在地球空间，而是扩及宇宙，所以说“心包太虚，量周沙界”；佛陀的心能含容虚空法界，有次佛陀十大弟子中“神通第一”的目犍连尊者，想测量佛陀的法身到底有多大？他不断地升高，升到忉利天、兜率天，佛陀的法身仍然比他升高的空间大。一般不了解的人会以为这是神话，其实是一种譬喻，譬喻佛心的宽广无际，可以普遍到任何有微尘的地方，就有佛心、佛法存在。

两千余年前，佛陀出生于印度，修行成道后游走恒河两岸说法，以当时的时代条件而言，佛陀一人也很难普遍人间。因此，真实的道理需要传扬，佛陀的教法、法身才能普遍；感恩古贤大德取经、译经、讲经，发扬佛法并流传世间，所以即使佛陀未曾来过台湾，佛法也能传遍此地。如印顺导师是人间佛法的导师，他将佛法的精神，编写为人间的佛法，接着还需在人间推动、实行。

普遍的空间很宽广，人间的道路并非一个人可以走遍，需要很多人共同用清净无染的大爱，以佛为中心广为传扬；人人的心若得到法，这一念清净光明，自然投射到世间各角落，才能行遍人间路。

之一 “大”、“小”的迷思

地球是大乾坤，我们的身体如小乾坤，因为地球是“地、水、火、风”四大合成，我们的身体也相同。宇宙之间，地球有“四大”——坚硬地壳是“地大”；地底下有“火大”，火山地热往往都很壮观；水脉流动是“水大”；空气则是“风大”。只要一大不调和，大自然就会出现问题。

人的身体如小乾坤，坚实的部分如肉、骨等是“地大”；体液、血液、唾沫是“水大”；温暖的体温是“火大”；吐垢纳新的呼吸是“风大”。若不调和就会生病，如呼吸不调和的气喘病，是“风大不调”；有时感冒发烧或发冷，都是“火大不调”；医院常有人腹痛挂急诊，结果是多日未排泄，体内水分失衡，是“水大不调”；常见的外伤、骨折，不就是“地大不调”？人一生病就苦不堪言。

大乾坤与小乾坤息息相关，大乾坤随顺四季循环，供给人类、万物生机，让地球所有生物可以互生互存。每个众生都是一个小乾坤，现今世上仅人类就超过七十多亿人口；倘若人的心态不规则而不断地产生贪婪、瞋怒、愚痴等烦恼，造作恶事，破坏大乾坤致自然失序，后果将不堪设想。

贪大心窄

人的心念生生灭灭，好坏都在一念心——一念好心起，应及时把握做好事；若是一念恶念生，就要赶紧断除。

想一想，人与人之间互相摩擦，若都放任自己不好的脾气，世间七十余亿人口，不就有如此多坏脾气、坏心态包含在大乾坤中；身体只要一点抗体衰弱，就会产生问题，何况大乾坤包含这么多不调和的小乾坤，很难不生病。

世间多少明争暗斗，不都是由贪衍生？为何如此贪婪？人生无常，生活能平平安安，就应懂得知足与感恩，还想要多少才足够？其实有个干净安稳、遮风蔽雨的住处，就已足够。

人的贪念是无止尽的,即使再多的享受与财物都不够;有人认为:生活富裕还要享受富丽堂皇,但是即使身居豪宅,心仍无法满足,苦于追求更多,如此能真正快乐吗?

多年前一位菲律宾华侨回来,我问她:“你家里请了那么多人,很热闹吧?”

她却说:“我没有伴。”

我问:“那么多人怎么会没伴?”

她说:“因为房子很大,一个人不敢住,才多请一些佣人——煮饭的归煮饭,洗衣的归洗衣,打扫的归打扫,各有各的工作。”

我说:“你一个人住而已,不需要这么多佣人吧?”

她说:“因为工资很便宜,提供三餐就行了。”

我说:“这么多人一起吃饭一定很热闹。”

她说:“没有,只有我一个人吃。”

“他们不都是来换三餐的吗?怎么只有你一个人吃饭?”

她说:“等我吃饱离开饭桌,他们才能吃。”

我问:“为何如此?”

她说:“那是他们的规矩。”

“规矩哪有‘他们的’，你可以让大家一起用餐，不是很有伴吗？”

她说：“这可能是雇主与佣人的规矩。”

雇主与佣人为什么有这么大的分别？佣人努力付出，请雇主多给一点都很难，何况若对毫无关系的人，就更不容易付出。有的人富有财产，生活宽裕，却不愿舍出一些给贫穷困苦的人，帮助他们解决生活中的困难；徒有钱财不懂得如何运用，囤积的财物形同废物，内心只有无法满足的烦恼，如绳索束缚般不得自在。

付出是人生可贵的幸福，帮助他人的同时也是成就自己，可惜多数人不明此理，不了解“付出无所求”的轻安自在，因此吝于付出的人，无法涵养出可敬可爱的品格。听过一则实例——有位老先生拥有许多房地产，培育子女出国留学，学成后就在国外成家立业。

他与太太两人独留台湾，老太太往生后只剩他一人；尽管拥有很多财产，却因年轻时缺少爱与友情的付出，得不到他人的关怀，变得非常孤单。后来孤零零一人搬到花莲，买下一幢别墅，虽然装潢得堂皇舒适，仍是孤单独居。

晚年生病时无人照料，进出医院都是形单影孤，最亲的子女都住在国外，没有人回来照顾，亲戚朋友也与他很疏离。后来明白都是自己以前付出太少，以致落得如此晚景凄凉，于是发心身体好转后要尽心尽力付出；遗憾的是，刚发心还来不及落实，某日忽然气喘发作，独自在家中往生，被发现送医已回生乏术。

他走得如此孤单，谁与他为伴？谁关怀他？谁送他最后一程？留下的家产谁处理？如何花用？他都已无法过问，尤其他最后想做的事，也来不及做，终其一生，想必他未曾真正快乐过；能带走什么？满怀的遗憾，就是烦恼。

生活空有大房子却无法满足，不如拓展心宅；心若开阔，自然能将一掷千金的浪费，转而用于利益人群；心念一转，就能发挥很大的力量帮助人，与人结好缘。

心宽天地宽

常言："屋宽不如心宽。"生在天地间，若能以知足少欲的心面对一切，无论接触何种境界，都会感到快乐；心宽不在于有形的贫富，只要心境开阔，即使外在贫穷，同样感到天地辽阔。

贵州风景优美，可惜地瘠人贫，山区道路难行，有些学童必须翻山越岭上下学，每天清晨四点摸黑起床，自己做早餐，吃完就赶紧上路，八点才到学校；一趟要走四小时，晚上回到家都已九点。

放假时，这些学生还要放牛。有一次大爱台记者前去采访，看到三个孩子捧着课本坐在路边石头上，用功地看书，问他们："为什么坐在这里？"

他们拿着书说："在放牛。"

记者问："牛在哪里？"

小朋友回过头没看见牛，大吃一惊，原来牛吃草跑远了，他们赶紧一一将牛牵回，脸上堆满纯真笑容。

这么小的孩子，每天起早赶晚到学校读书，家境不好，吃的是冷菜冷粥；却能体贴父母辛劳，帮忙家务、用功勤学，对未来很乐观也过得欢喜，就是知足无贪。

人常为欲念而不断地追求，到底有多少才足够？其实自己都不确定，一旦灾难来临，无论大小多寡都全数遭殃。譬如近年来美国加州常发生森林大火，烧毁山林，多少豪宅也付之一炬。

古云："富润屋，德润身。"富有的人装饰屋宅，而一个人是否才德具备，则表现于日常生活的言行举止；倘若一时放任心念散漫，必须花更长久的时间才能将心收回。因此要常观照自心，去除贪欲以庄严自我的"心地风光"。

在苗栗的山上，有个家庭经济困苦——父母离异，父亲出外打工,三姊弟与阿嬷相依为命。姊姊年纪虽小却很懂事,不仅孝顺阿嬷,一手料理家事,还能认真读书,并且疼爱弟妹,教导他们都有优异的成绩。

有一次她的双脚不慎被开水烫伤,无力就医以致走路不便,经常受伤。慈济人前往居家关怀时,看到屋子狭窄破旧,决定先帮助他们修理房舍;于是利用她与父亲暂离老家的那段时间,整修破损、重新粉刷,并增添几件二手家具。

当她回家时,看到屋宇焕然一新,还有许多家具,除了惊喜也表达要发愿更加用功读书,将来读大学,毕业之后回馈社会,以这颗被人爱的心,再去爱别人。

这位小姊姊很坚强,脚伤多时,从未听她说:“我脚痛,好辛苦!”慈济人安排她到大林慈济医院接受手术治疗,住院期间,都是妹妹到院照顾,姊妹手足之情,很令人感动。

反观有的孩子很幸福,备受父母亲疼爱,然而兄弟姊妹间却斤斤计较,总觉得父母偏心,甚至为了吸引父母注意,故意做些惹父母生气的事。我们应学习修养内涵,照顾好自己的爱心,懂得“退一步海阔天空”,才有心去爱人;懂得心宽,时时爱人、包容别人,就会是永远被爱的人。

所以日常生活中常培养布施的心,知足少欲则能包容一切,心宽天地宽。

之二 远近之间

许多人喜欢游览观光、寻幽访胜；我未曾出国，不过常有人与我分享世界各地风光，曾有人告诉我，世界上最大、最美的瀑布是尼亚加拉瀑布，水波飞腾，景象雄壮美丽，值得亲身一游。

我说："你们要远赴美加边境才看得到，我们在精舍就看得见。"以前精舍院子中有块挖了洞的大石头，再放上几颗小石头，引水由上流到石头下的水瓮，层次有致，水声潺潺；有同仁摄影录下，将镜头拉近，放大景象——小水流也如同壮丽瀑布。既不必搭乘飞机，也不用花费时间，就地可见美景，因为从心观想而领略境界，心美看什么景都美。

每个人本具心地风光，比任何外在境界都美好；想想出国一趟手续繁复，还需依赖许多交通工具，才能到达目的地；即使见到令人叹为观止的美景，又能停留多久？过后仍要回到自己的住处，再美的景致都只是一时的，无法长久享有。

心念的距离

佛陀在舍卫国时，曾对弟子们说："世间千千万万无量的法，没有一项比‘心’转得更快；也没有一件事是‘心’无法模仿的。因此要照顾好这一念心，只要不好的心念一转动，要赶紧谨慎地降伏；倘若能观照好自心，万法道理就在其中。”

许多人都看过牡丹花的模样，若问：“牡丹花长什么样子？”相信大家心中会立刻浮现牡丹花的形象，即使不是牡丹花生长的季节，却能立即在心中“开出”牡丹花；想想，“心”是否转得很快？

或者问：“‘一’字怎么写？”大家很快就能写出来，并非每个人都能写得漂亮工整；写得端正的人一定曾花时间练习。“心”却能马上“写出”漂亮的“一”字；即使是复杂的笔画，也能很快地模仿、显现，变化灵巧。

此外，心念的转动很迅速，无论有形的距离多远，心念一转都能立刻到达；诸如阿根廷虽然距离台湾遥远，搭飞机要花三十余小时，但是一提及这个国家，我心中立即浮现多位当地弟子的模样，甚至还有他们平常在阿根廷付出的景象。我不曾到过阿根廷，而是慈济人将活动的相片、影片带回给我看，才有阿根廷的种种印象。

无形的心念可以突破有形的距离。数年前，马来西亚发生百年不遇的严重水灾，当地慈济人用电话和我联络时，表示雨仍下不停，大家很担心慈济分会的情况，纷纷前来帮忙将物品搬往楼上，预防淹水。

那时我身在台湾，意识却能到达马来西亚，一方面感恩慈济人提高警觉，发挥力量投入救济；另一方面也担忧灾区是否扩大？大雨何时能停？

马来西亚慈济人的电话还在线上，又接到大陆福鼎的电话，原来他们一早要发放食品、棉被等物资，大队人员准备好，发现送到的米粮与契约品质不合，犹豫到底要不要发放？我告诉他们："好好商讨，假使不能如期发放，已通知的必须妥善交代；若是决定发放，要发挥智慧，圆融地处理。"

电话一放下，感到意识伸得很远，心念转得很快；短短数分钟内，一会儿到马来西亚，另一通电话接起来，已经到达大陆。

心念意识能扩展多大？应该是无边无际。慈济有形的空间从借住普明寺开始，到一九六九年静思精舍落成，空间逐渐地开展，扩及台湾各地，再逐步拓展到海外，遍及五大洲许多地方。普天之下，哪里有人，哪里就有爱；我虽然没有去过那些国家，可是无论多远，只要同心同志愿，各地慈济人就如日日在我身边，我也天天在他们周围。天涯若比邻，有形的距离再广阔、遥远，心永远贴近。

心的空间

现代科技可以测量地球大小，还无法确定宇宙有多大。我们生活在地球上，感到地球很大；人大吗？其实很渺小，但佛陀教育我们可以“心包太虚”，倘若人人都有一念清净大觉，没有烦恼障碍，不会破坏造恶，世间平安，地球就能按轨道平安运转。

同样一念心，佛心能心包太虚，凡夫心欲念则无穷无尽，因而造作污染，引发灾难；若是世间充满欲念，世界就有危机。

近来温室效应严重、气候异常，导致天灾频繁，地球环境已经亮起红灯。因此需要人人为善、造福，累积无数人的爱与善，形成一团祥和的气氛，进而遍满空间，如同一层保护膜般护卫着地球。

天地之大，爱要洒得很广阔，重要的是，人人心宅要宽、存有仁德，就能主动付出，发挥良能，真诚地舍出一分力量。天下苦难人众多，慈济人一眼观时千眼观，人多就能看得更普遍；只要有慈济人的地方，就会有慈眼视众生，大家合力伸出援手，无论多么污秽、破烂的环境都会变得亮丽。这都是无量的爱、开阔的心胸，因为有那分不忍之心，可以视人人如亲，将他人的环境当成自己的疼惜，当苦难人脱离困境而展露笑容，我们也同感喜悦。

若问我："您要活到几岁？"我一定说："不知道。"不过问我："关怀的心有多广？"我会回答："心可以到达全球任何角落。"譬如有一阵子新闻报导以色列加沙走廊频起冲突，联合国努力调停，仍未有停歇的迹象，令人担心。

我们与以色列也有一些因缘，声乐家大卫·迪奥(David D'or)曾来台为慈济巡回演唱，将慈济歌选翻译为英文、以色列文；缅甸、四川大灾难，不忍心我们的负担沉重，他还自动自发到美国巡回演唱，将门票收入捐给慈济救灾。他和一队乐团都是年轻人，经常巡回世界各地演唱，原本留着浓密的胡须，每次见我一定将胡须剃干净，以示尊敬。后来他皈依了，还将我的名字写在耶路撒冷的哭墙，为我祈祷健康。

在那段动荡时间，我行脚到台北时，以色列驻台"代表"甘若飞(Raphael Gamzou)知道我会担心，赶紧来向我报平安，他太太从故乡传给他讯息，离轰炸的地方还有廿五公里，请我放心。心想：廿五公里并不远，也很惊险；而且据闻还有白磷弹，看到电视画面上多少孩子惊惶失措，母亲抱着孩子逃难，真是苦不堪言。

不久后，接到大卫的电话，他表示已经离开加沙搬到乡下，不忍很多孩子惶恐不安，因此帮忙带着孩子唱歌，看能否解除心灵的恐惧。

以色列离台湾遥远,关怀的心却没有距离。尤其现代科技发达,我们可以透过大爱台看到普天下的景象,关怀天下事——诸如新闻报导大陆北方的内蒙古、青海与黑龙江省等地,才入秋就大雪纷飞,不仅压断路树、电线,也损坏房屋,让我们体会大空间真的气候异常。

还看到许多慈济人身处伊斯兰教国家,他们利用放假勤做慈济事。如马来西亚的慈济人,在伊斯兰教开斋节时,就如我们的过年,会为穷困人发放物资,让他们过一个丰富的年节。约旦人民也多是穆斯林,当地慈济人不多,长期照顾一群住在沙漠中的贝都因人,看志工们风尘仆仆前往发放,在沙漠中来回八小时的车程,只为数百户贝都因人准备一个丰富年,还让孩子有文具、书包,得以顺利就学。

在全球任何空间,各地慈济人都很会利用时间,时时力行菩萨道,走入人群充分地了解人与人之间的需要,用心、用爱踏实地付出;拓宽心宅,空间自然开阔。

之三 心向引力

佛教说“众生共业”,业是造作的意思;大家不能轻视共业的力量，倘若世间造恶的人愈多，恶的拉力愈强，就容易引发灾祸受报。

业如一团气流，如台风也是气流，高气压若强，能压制低气压，台风就会偏向。大家要多做好事、说好话、想好意，这股好的力量叫做“福”；一善一福能破灾，多善多福弭灾难。所以好人、好事愈多，福就愈旺；福旺、气旺，就是“福气”。

现今世间需要许多福的气流凝聚，才能让地球健康、社会祥和、风调雨顺，凝聚福气的方法无他，唯有“爱”——启发人人一念爱心，多发一个善心，多增一分福。

用心转境

人若不懂得知足，心灵容易充满仇恨，无论身处的环境如何，心理最重要。看看有些人即使环境富有，内心却常感缺乏，似乎永远填不满欲念；心里的不满会产生许多烦恼，因而招惹困境，将自己困住。若有知足的心，就会懂得感恩；有感恩的心，就能心宽念纯，用心转境。

有位张居士从小生活在一个不健全的家庭，出生不久就随着父母四处躲债。十余年后，父亲努力经营，家庭经济稍微好转，却对家庭生活不负责任。在张居士入伍前，父亲利用母亲的名义开立空头支票，让母亲背债而坐牢，因此他对父亲的不满转为仇恨。

服兵役期间，心里挂念母亲而逃兵；之后躲躲藏藏无法有所作为，一念偏差走入黑帮，最后被逮捕入狱服刑多年，将近四十岁才出狱。想想，大好的人生都在黑暗的环境中度过，可见他的心灵多么苦。

无论他犯过多少错误，始终很孝顺母亲。出狱后，母子相依，靠着母亲的老年津贴度日，生活拮据困顿。他四处找工作都碰壁，好不容易找到大楼管理员的工作，却因与同事起冲突而离职。工作、生活的不顺遂，使他生起轻生的念头；母亲觉察他的心态，焦急地求助慈济。志工们听闻这段人生过程，深感同情，因此关怀小组前往他家拜访，看见潦倒破旧的情景，于心不忍，决定帮助安顿这对母子。

帮助他们安定生活后，慈济人常邀请他们到东大园区，鼓励他们投入志工行列；张居士看到一位身患末期多发性脊椎癌的志工，即使行动不灵活，罹病三年来仍日日到园区种菜、浇水、做环保，分秒不空过。

他省悟珍惜生命的重要，原本他计划将母亲托付给慈济人照顾，然后自己一走了之；而后看到罹癌志工如此爱惜生命，他了解“人生没有所有权，只有使用权”的道理，开始投入志工行列,陪伴母亲一起做环保。如今他在餐厅工作,母子生活安定,而他也投入慈诚队,转变了人生。

他表示,慈济人做环保,为了珍惜大地连一张废纸都捡起;虽然感到自己的人生犹如作废,慈济也可以将他回收,做一个有用的人。这是“心转,境就转”,只要心不难,世间就没有难事;转个心念向善走,日子会很平安。

看看同一对母子,过去生活困苦,张居士陷入黑暗环境中走不出来;而今心境转变,即使环境仍不富有,但是生活安定,心灵富有爱心还能帮助他人。一念豁达,心境就自转,环境也跟着转,因为以健康乐观的心面对一切,放弃仇恨充满爱,就能跳脱出黑暗,转变为亮丽人生。

佛云:“一切唯心造。”一个人能转心念向善,处处用善,再困难的事物,用善心对治就不难;同理,即使范围大如地球的气候异常,灾难偏多,也可以藉由人人的一念善心而扭转。其实温室效应原就起因于人的心室效应——人心不规则,脾气多变、心性不调和,自然造作恶业、破坏大地,如此气候怎么会调和?

倘若人人都有一分无私、无争、无污染的爱,则会有一分效应;勿轻视这分效应,连锁发挥的力量也能影响全人类。譬如科学上的“蝴蝶效应”,即使蝴蝶是不起眼的小昆虫，拍拍翅膀的微小动作，所产生的效应，却可能掀起一股大风浪，何况我们的心。

因此无论身处任何国度，大家都要负起在人间的使命，做一颗爱的种子。《无量义经》启发我们"一生无量，无量从一而生"的道理，从一颗爱的种子开始，展开无量无数的爱，凝聚大家的爱心，共同成就爱的环境；只要人心贪婪减少，克服奢侈享受的欲念，人与人之间能互相礼让，相信终能将地球净化。

善恶拔河

俗云："一善破千灾。"这句话的意涵并非一个人做善事，就不会生病或是遭遇灾祸。其实众生共业，整个大空间都在"善恶拔河"，善多的地方，自然灾祸减少；恶多的地方，则容易频生灾难。

如同拔河，总是人多的一边力量大，容易取胜；因此一个地方善人若多，自然地方平安，即使有灾也会少难。孔子说："择不处仁，焉得知？"就是教导我们慎选居住的地方，若能选择好人群居之处，正所谓"里仁为美"，仁德的人多就是最美的地方，也是有智慧的选择。

一个地方如何做到"里仁"？需要有许多好人，大家要互相勉励，让好人增多；人人发挥善的力量，如一手、百手、千手乃至无量无数的手，就能扶持苦难人或拉拔迷茫的人。就如“八八水灾”后，看见浩荡长的志工队伍前进灾区，帮助灾民清扫家园。许多人一脚踏进泥泞中，举步维艰，何况土水沉重，困难重重；不过有这么多爱心人的帮忙，大家接力传递一桶一桶的泥水，人人合心协力就能重建家园。

有位志工平常致力于记录慈济真善美，为人类留历史，这次自家淹水受灾，心心念念抢救的就是摄影机。尽管家中水还未退，他就归队投入救灾、记录灾情，令人感动。他们不会埋怨：“我在做慈济，怎么连我家也淹水。”

这是因为善业没有胜过恶业，要平息世间灾难，仍需大家努力启发人心向善，鼓励好人，人人隐恶扬善，彼此影响，善的力量就会增强。

善恶环境对个人影响力更巨，有次慈济医院志工发现，医院里一位初中生的书包里有枪，赶紧接近了解，少年很干脆地回答：“那是玩具枪。”慈济人觉得少年行为有些偏差，因此关怀辅导，询问就读的学校等情况；少年毫无隐瞒，表示他就读的学校充满暴力，他离家在外租屋，加入不良少年集团，还说：“大家都叫我大哥，我可以收保护费。”

慈济人担心他不懂事，耐心地告诉他许多例子，诸如有时在医院中看到戴着脚链、手铐就医的服刑人，届时反悔都来不及，遗憾终生。这位少年感受慈济人的爱与关怀，将话听入内心，慈济人告诉他："你一定要改过来，人处在善恶拔河，好朋友会拉你一把，不好的朋友会将你拖下去。假如你心中有什么疑惑，就来找我。"

从此少年一遇问题，会主动打电话和慈济人说说话，有时也会见面；两年后，少年邀请慈济人参加他的毕业典礼，他荣获优良模范生奖，慈济人看了非常感动。

典礼结束后，关心少年往后的打算，他表示已经找到工作，要先投入职场。慈济人说："工作当然很好，行行出状元，怕的是会不会又被拉回去？"

他说："肯定不会，因为我生命中有贵人。您说过，善恶拔河，我背后有这么一大群慈济人支持，相信我可以照顾自己。"他自己也坦白，过去那些大哥还常会找他，他已更换手机号码，一心向善。

除了慈济人给予他善的力量之外，有时独自难免心里迷茫、矛盾，就会阅读《静思语》，这也是一股影响的力量，所以他对自己很有信心。

一句好话也能发挥影响力，我们提倡"好话满街跑"，许多计程车、游览车业者支持，他们在车上张贴"静思语"，随着车子行驶大街小巷，到处都看得到好话。社区志工分享各地回响，有很多因为接触好话而改变心态的故事，人与人之间也因好话缓和气氛，不再你争我夺，各自谦让就会海阔天空，如此的社会多美。

善恶拔河，祸福也在拔河；为恶造灾殃，为善是造福，还需增加为善造福的力量，人人都是人间福田的农夫，要勤于撒播大爱的种子，期待人间菩萨多招生。

好环境创造向善力

九二一大地震后，我们承担五十所学校的重建工作，称为“希望工程”。有位企业家原本想指定负责一所学校的重建费用，后来听慈济委员劝说，何不结更多缘——若不指定，如同参与每一所学校重建，因此他不再指定，欢喜地捐出款项。

这是“取诸社会，用诸社会”，从社会赚取金钱，当社会有需要时，应该回馈；如今许多企业家与社会人士的观念、思想都已朝向光明的正向，号召大家一起行善，力量更大。

重建希望工程，不仅是盖好校舍，整体景观也很重要，必须有美感。因为教育是一种心灵的启发，环境也是“境教”——环境的教育，让念书的孩子、教书的老师一进这个环境，心灵在无形中就会受到环境的软化与美化。

我们很用心兴建这些学校，建筑物务必耐震坚固；其次，教育是历史性的，要历久恒新，经百年后依旧耐用、耐看，因此要有美化的艺术。两年间，五十所学校相继完成，如同从一片废墟中涌出艺术品。

其中有许多感人故事，记得有次行经中部，习惯地绕到学校门口看看，当时已是放学时间，就决定下来走走；学校仍有几位主任还在办公，一位主任陪着我到中庭绕一圈，走过操场，看到孩子在运动，想想学校能留得住孩子，下课后还愿意留在校园，就备感欣慰。

也曾听一位校长分享，有学生问他："校长，下课后我能不能晚一点回家？"学生们都愿意多留时间在学校，这也是境教的成果。

除了硬体的建设之外，还有软体的陪伴。震灾迄今已逾十年，不少援建学校的校长对我说："师父，学校从盖好到现在，学生都很优秀。"地震后汇聚大家的爱心，给予学生好的境教，老师、校长也调整教育态度，孩子们都很受教；当年的小学生已成为大学生，还有不少投入慈青。

二〇〇八年四川发生"五一二地震"，我们在台湾同感震惊，大陆台商及时动员，踏上四川灾区；台湾慈济人两日后抵达,落实肤慰、提供热食,并且带动当地人投入做志工。

急难救助告一段落后,慈济人虽然离开四川,但是志工精神却留在当地,当地志工、承担照顾老人家的年轻人,都持续地投入关怀工作。过一段时间再去探望他们,欣见人人安定,志工服务的精神也撒播下种子,于是开始辅导落实环保;在洛水的活动中心兴建完成后,集中环保回收在此分类。

住在板房屋的乡亲从未中断联络,常常参加读书会,了解佛法人间化,明白人人都可成为一位帮助他人的活菩萨;或许过去有些不好的生活习惯,诸如打麻将、喝酒、抽烟等,了解当慈济志工要守持十戒,而能戒烟、戒酒、戒赌博。

有位老居士说:"做慈济做得很开心,环保分类很欢喜,尤其知道宝特瓶回收后可以制成毛毯,都是做好事可以救人,还可以保护大地。"他发愿不赌博。

大家知道他说到做到,鼓励他:"要不要再发愿不抽烟、不喝酒?"

他说:"这个难。"

很多人鼓励:"再发一个。"

他说:"好,两天不喝酒,可以吗?"

大家为他鼓掌,又说:"再一个不抽烟吧。"

他说:"非常难。"

"一天就好。"

禁不起大家鼓励,他发愿:"好,我一星期两天不喝酒、一天不抽烟。"

过了一段时间之后,由于天天到环保站,没机会喝酒,天天生活得很清醒、开心。最后烟、酒、赌博都戒除,他太太还说:"连脾气都改了。"所以凡夫转菩萨并不困难。

由此可见周遭环境的影响力很大,发挥个人一分爱心,就是散播爱的种子;让人人心中有一念爱,这念爱就是一分善的力量。

第五章 幸福度量衡

回顾慈济成立之初，借住于普明寺；三年后，静思精舍竣工，当时只有一座大殿，白天工作、修行，夜晚时将活动拉门关上，就是休息的地方。

即使空间如此克难，那年就邀请贫苦无依的老人家参加冬令围炉，在莲花池边准备十五桌。一路走来，如今藉由现代科技，可以立足台湾、宏观天下，五大洲中，近七十个国家有慈济人，十余国可以与台湾慈济双向连线，同步收视影像、声音。虽然各地有时差，但是共同的爱没有秒差，这是空间扩大。

这些空间都是慈济人用爱铺路走出来的；其实每个人都有爱心，彼此启发与带动，就能将爱扩大，顾及普天下，才是心包太虚。

之一 滴水与大海

近几年来,我们推动“回归竹筒岁月”,鼓励人人勿轻己能,点滴付出都可汇聚成大力量。每次赈灾、发放之前,会先说明救援的物资,是来自全球爱心人的付出,只要随分随力,点滴汇入功德大海,都可以帮助许多人,同时鼓励受助者多造福。

受助者在领取救济物资时,也会领回竹筒,响应存入善款,以救助他人。诸如菲律宾有个梦乡村,是一个穷困的临海小村落,每次一有台风、涨潮,难逃淹水或屋舍倒塌,居民们栖身之处都很简陋破旧,而且市区垃圾集中附近,孩子们整日在垃圾堆和脏乱的环境生活、玩耍、成长,因家贫无法读书,长大后仍无法脱离穷苦,岂不是恶性循环?

慈济人走入当地,展开长期关怀,数年来不断地与村人互动,不仅提供物质帮助,重要的是开启他们的心门,懂得付出而得到那分欢喜。菲币一毛钱约折合新台币七分钱,村民们日日存下一毛或五角,不影响生活,所以“滴水成河,粒米成箩”,不久汇集装满二只大瓮。

这个地方已经有三百多位会员,他们可以发挥力量,帮助其他的苦难人;只要有心,可以牵起穷困人家,让他们心灵富有爱,不就是一朵朵污泥中的莲花,充满希望。

微尘人生与纳米良能

为人若自私自利,凡事只想到自己,难免会有患得患失的烦恼,无不是苦;能缩小自己,为“大我”付出,才是开阔的人生。

数年前,巴基斯坦因强震受创严重,花莲慈济医院有位邱琮朗医师前往当地参加义诊,当时他小学六年级的儿子认为这是救人的工作,很支持爸爸,而且用心组一个能发电的小灯送给爸爸,还不断地叮咛一定要带去。邱医师不敌儿子的心意,带着小灯前往灾区,第一天就刚好发挥照亮黑暗的功能。

想想巴基斯坦与我们没有什么关系,然而“天下一家亲”,即使相距遥远,对当地人很陌生,仍视人人如己亲。所以邱医师父子都能发挥良能帮助他人,这就是开阔心胸,关怀普天下,不分长幼人人都有这分良能,不要小看自己也不能轻视他人,要相信自己有无私的爱;若能无私,这股力量会很大。但是并非“没有我不行”,而是“好事都应有我的一分力量付出”。

修行的功夫要缩小自己如微尘，才会可爱；否则自我膨胀，对人粗声粗气，令人感觉高不可攀，不易亲近，如此即使有才华，也仅局限于自己的范畴，个人的力量总是有限。

“微尘人生”的功夫，要从“温和”入门，如孔子“温、良、恭、俭、让”的德行。我们要以温与良的心态——温是温和，良是良知；无论对谁都要用感恩心谦虚以待，如此才能发挥“纳米良能”。

现代有“纳米”科技，微细到看不见，但是功能很大。心性也该做到“纳米良能”的程度，即发挥尊重大爱。为人如何能做到“纳米”？用恭、谦——对人恭敬、缩小自己，为人能尊重大爱才能包容一切。

慈济人医会有一位年轻医师，在美国是很有成就的肾脏科主治医师，有一次回国刚好有个空档，就把握时间到慈济医院当志工。几位慈诚队员不知道他是医师，见他年纪轻轻，以为是慈青，带着他在急诊处帮忙推病床，或者到病房帮病患洗澡、清理排泄物。

他隐藏身份做得满心欢喜，发挥“无我”精神，缩小自己、放下身段，和大家合作无间；等到发现他原来是位知名的主治医师，无不感到敬佩和敬爱。这种没有“我相”，不执著“我名”，名而无名，才是真名。

我们要学习“微尘人生”，发挥“纳米良能”，将学佛的功夫，落实在行动中；放大自己会让人感到碍眼，难以入人心，他人愈不会接近，缩小自己才能走进人心。

一个人与六十个人

每个人都有一个自“我”，若过于执著，容易变成“妄我”，迷失自我而造作许多罪业。因此要常常反省：自己是迷失还是透彻明了？是从小我变成大我，还是从小我变成傲慢的我？

有人认为，既然要追求“无我”的境界，为何还要谈“我”？怕的是一般人对“我”的偏见，需要了解“我”——人人从个人负起责任，扩大到家庭、社区，乃至整个社会，让社会祥和无灾，才是人群的幸福与个人的平安。这种从小我推展到普天之下的大我，就是佛陀的“大觉”。

慈济志业最初由三十位家庭主妇从“竹筒岁月”开始——每日出门买菜前，存下五毛钱行善，当她们在菜市场向菜贩说：“少一点菜，我要节省点钱。”

菜贩问：“节省这一点点，有什么用？”

她们回答：“可以救人。”

菜贩明白“滴水成河，粒米成箩”的观念，也跟着捐善款。一个人的心念，启发三十个人的善念，日日造福并再向外传递，开启更多人的爱心。

一路走来已逾四十年，把握刹那的一念，丝毫未曾消退，从少数人不断地累积，在人与人之间不断地发挥善的循环。想想，发心的一秒钟很短暂，一个人的力量能做什么？微不足道；但是十个人就有十秒钟、十分力量；六十个人的时间、空间会跟着扩大，乃至六百个人、六百分钟，空间将扩大多少？一个人要救拔一个人不容易，倘若有六十个人一起伸出援手，就没有什么困难。

俗云："事在人为。"做事不要怕困难；慈济从花莲的发祥地开始，人与人之间由近而远，不断地向远方扩展，如今爱的种子已撒播到世界许多国家。诸如慈济美国分会是由黄居士夫妻①做起，他们在美国工作、定居，有次回台湾听闻慈济感到很欢喜，有心要将慈济精神带到美国，发挥慈悲济世的力量。

黄居士有一次回精舍问我："师父，我们的力量很微薄，不知能否在美国开展？"

我告诉他："发多大的心，就有多大的福；发多大的愿，

---

① 即黄思远、李静念夫妇。

就有多大的力。只要有真正虔诚的心,要将慈济精神带到美国,自然可以发挥那股力量。”

他说:“心,一定有。”

于是夫妻俩用心在美国推展慈济精神,也感动许多当地人,还有位美国律师听说台湾慈济救济的力量,深受感动,发心协助慈济在政府立案,正式成立美国分会。

后来黄思贤居士因缘会合,发心买下一处诊所作为慈济会所,弘扬佛法,推动慈济志业,这叫做福慧平行——除了推广济贫、教富之外,每个月也有义诊,当地有许多台湾人当医师的,有钱出钱、有力出力,愈来愈多人参与推动慈济志业,大家都做得很欢喜。

此外,日本慈济分会的成立也是从一颗种子开始。当初是一位台湾人移居日本,有次回台探亲时,正好遇上慈济委员向他介绍慈济,他便欢喜地到花莲与我见面,然后发心凭己之力将慈济带入日本。

后来他回来与我分享,第一个月有六七十个人响应慈济工作。我告诉他:“我一开始只有三十个人,你第一个月就有六七十人,影响力很大。”

所以多用心就可以启发人人的爱心,让大家知道要开阔心胸,切莫轻视每个人点滴的力量,只要一个人再影响一个人,从一个地方做起,凝聚力量就能将善念推展出去。

之二 点线面的延展

早年曾与南部一位老人家有段令人印象深刻的对话,老人家对我说:"师父,我感觉慈济未来一定是天下第一大家庭。"

我问他怎么会有这种感觉?他说:"因为慈济的心量很宽、爱很大。您住在花莲,南部发生灾难,您当成自己的亲人受灾一样,立刻过来关怀,我相信以此心推展,台湾何处不是慈济人的家人?"

大家合心、和气、互爱、协力,凝聚法亲之情,视人人如亲,普爱众生无私地付出;不仅在台湾拉长情、扩大爱,也将这分长情大爱洒播到全球,这不就是"天下一家亲"?

取诸当地,用诸当地

现代交通发达,从台湾移至海外发展的人很多,其中有不少人原已参加慈济,不舍这分爱慈济的心,所以有些人在出去前会告诉我:"师父,其他东西可以不带,慈济的种子一定会带。"发愿无论走到何处,一定将慈济种子撒播当地。

我都会告诉他们:“头顶别人的天,脚踏别人的地,在外发展,用的是当地劳工与资源,要懂得回馈当地;而且‘远亲不如近邻’,出门在外要与人结好缘,先付出爱给别人,让人有亲切感、亲和感,才会得人爱。”他们听入心并且实践,将慈济的爱渐渐地播种到世界各地。

许多人在海外做慈济,都是“取诸当地,用诸当地”——在当地募款,从事当地的慈善救助工作。诸如菲律宾的慈济人经常到偏远或穷困地区义诊,十余年来,嘉惠许多贫困人,为他们拔除病苦。

有一次有位先生罹患白内障,长期视力模糊,无力改善,遇上义诊得以动手术,隔日拿下纱布,他重见光明世界,高兴地说:“我要到电台广播告诉菲律宾同胞,华人对我们很好,帮助我们,大家不要抢劫、绑架华人。”因为当时社会上因经济、贫富等问题,时有绑架华人事件。因此帮助他人其实是自救、保护自己,爱人自然会得到人爱。

有次我接到一位慈济委员从南非打电话回来告诉我:“师父,我决定关闭南非的工厂。”

我问:“生意做得很好,为什么要关厂?”

他说:“南非时有抢劫、放火事件,工厂很难经营。”南非素有种族对立问题,那段时间常发生暴动,而且他们也排斥华人,有许多人遭抢、房子被纵火等。

我说:“为什么被抢,或遭破坏纵火?因为取当地的资源,用当地的劳工,获利却是自己享受;劳工们长期工资偏低、生活困苦,所以不平衡而反弹,造成不可收拾的动乱。如果能取诸社会、用诸社会,给予劳工合理福利,同时能使当地生活较为平衡,当然就会比较安定。”

我还告诉他一件真实发生的事——当时美国有个城市正好因种族问题,发生一起暴动事件,一位原居高雄的会员移民到美国做面包生意,一日他开车前往市中心,准备交货给商家。忽然被一群持枪的黑人拦下盘问:“你是日本人还是韩国人?”

这位会员害怕地回答:“我是台湾人。”

结果这些黑人一听就改变态度,轻声地告诉他别到市中心,指引一条路让他赶紧回家。

这位会员感到奇怪,回家后问店里雇请的黑人妇女,到底是怎么一回事?这位妇女回答:“因为我们很感恩台湾人帮助我们的生活,关心孩子教育,提供奖学金,所以大家都有共识,不打、不抢台湾人。”

他接着问:“台湾的什么人帮助你们?”

这位妇女说:“慈济,台湾慈济人帮助我们。”

他听了很高兴，赶紧打电话回台湾给认识的慈济委员："我今天打这通电话是要向你感恩，慈济在这里救了我。以前认为捐钱是救人，原来是自救，我还要再继续。"

美国慈济人"取诸当地，用诸当地"，在当地劝募，关怀当地弱势时，却都以"台湾慈济"的名义付出，用心努力做到让当地人肯定，连带也肯定台湾，这都是自己付出的爱心，回馈自己身上的实证。

南非的这位委员听完这个事件后，就说："我知道该怎么做。"从此他用心向当地台商分享慈济精神，努力落实社会关怀，关心当地人的生活，进而影响当地人投入慈济志工的行列，传承爱与关怀。

● 万里路的实践

俗云："行万里路，胜读万卷书。"每年都会举办路跑活动，从慈济医院一路跑到静思精舍，看人跑这段路，不禁令人想起——若不是跨步向前，怎么可能到达静思精舍？所以立定目标就要开步走，用多少时间就能走多远，看见更宽广的境界。

二〇〇二年元月初，印尼一场大雨接连数日不停，雅加达市淹水，红溪河一带积水月余未退。雅加达是印尼的金融地带，周遭也有许多穷困社区，水灾严重，他们如何生活？

当地一位企业家——黄老先生，来台湾和我会面，我告诉他："积水持续不退，倘若发生卫生问题，不是只有穷困人会生病，雅加达可能会引发传染病，后果将不堪设想。当地富有的人应该多关怀穷困人，有力量的人应伸出双手扶助受灾的人，人世间总是要互相扶持。"

黄老先生很有爱心，表示深有同感，愿意提供协助，但是该怎么做？我说"五管齐下"——抽水、清扫、消毒、义诊、兴建大爱村。

深入灾区关怀灾民、勘灾的同时，首先应尽速将积水抽干，其次是清扫，这两件事应该同步进行，否则等抽干积水才清扫反而困难；边抽水边清扫，需要动员很多人，希望在当地很有影响力的黄老先生能向政府申请军警一起动员，带动民众一起清扫垃圾。接着消毒、义诊，避免发生传染病。

除此之外，由于这个区域每逢大雨都会淹水，根本解决困难之道，就是拆除红溪河畔的违章建筑，疏浚河道垃圾淤泥等。

红溪河畔违建区形成已久，乡村穷困人家求生不易，到都会区谋生，却处处碰壁，穷困人流离失所，慢慢地群聚在红溪河畔。原本七十公尺宽的河面，渐被违章建筑占用，居住人口愈来愈密集，垃圾也随着增加，导致环境脏乱不堪，大河被垃圾淤积，仅剩十公尺河面，是当地动辄淹水的原因。

因此他们决定整治红溪河，不仅在半个月内完成前四项工作，同时积极进行寻找土地、筹建大爱村。当地政府给予支持，在市区边缘拨土地，而且配合“先拆后建”的理念，补贴住户租房费，说服民众离开河边，让他们有信心接受迁移安排。

大爱村建设完成后，这群人陆续搬入光鲜亮丽的家。印尼的慈济人不只是提供住处，也成立职业训练所，教村民裁缝、烹饪等技术，借以谋生安家；并且带动环保回收，村民会从环保站回收废弃大片地毯，经过裁剪、制造踏脚垫贩卖，不但废物利用也改善生活。

除了安身、安生活之外，重要的是教育；大爱村里有慈济小学、中学，大爱村的孩子们在教化之下，蜕变成小绅士、小淑女。参加多项比赛，成绩优异获殊荣。很难想象才短短三年，他们的生活环境转变之大。

数年后，台湾慈济中学老师带着学生到印尼交流。许多学生都知道印尼红溪河的故事，也看过影片中脏乱的环境，孩子打赤脚、流鼻涕，穿着破烂的衣服，台湾的孩子们有时会存疑:有可能吗?现在还有这样的人、这样的生活环境吗?

因此老师带着学生身入其境,由于红溪河的整治工程浩大,需分期进行,趁着还有部分环境尚未改变,让学生亲身感受红溪河边违章建筑区的生活环境,体会影片中孩子的生活,也去参访大爱村。

村里的慈济中小学,同样整齐亮丽的制服,当地学生的用功投入;这段时间由当地学生陪着慈中的孩子,一个陪伴一个,到他们家投入生活互动,还陪着了解风土民俗等,得以见证历史,亲眼见到贫苦孩子的转变。

可见命运只要有因缘、福报,就有改变的机会。

之三　爱,没有距离

佛陀视天下众生为子,慈悲对待苍生;我们应学习佛陀这分开阔的胸襟,以佛心为己心,不分国界、宗教、种族,关怀天下苦难众生、爱护大地万物。

看到新闻报导南北极冰山融化、冰架崩塌,比想象中快速、严重,远在海的另一角,与台湾有关吗?息息相关。因为台湾面积不大,无论海面上升或气候变化,无不深受影响。

其实天地间没有距离空间之分别，万物都与天地共生息。所以说，大爱长情天地间，世间需要绵绵不断的长情大爱，普天下芸芸众生既然都有广阔的心包容一切，当然距离就会拉近，心会很贴近。

大爱的涟漪效应

爱，是致富的妙方；人生如何能拥有一切？凡事放开心胸，不必占有，学习“人有我富”的心态——他人拥有财物，如同自己拥有一般。

当年盖医院劝募时，接触许多贵夫人，常听她们比较手上钻石大小、珠宝贵重等，我说：“为什么看到别人的钻石比较大，就一定要向先生吵着买？如此比较不完。钻石戴在别人手上，若以欣赏的眼光看待，自己心里也不会有负担。”

世间物质追求无止尽，人生应该学习如何富有爱心。

大爱台同仁采访甘肃的学童，他们虽然物资匮乏，但是很知足；能有个简陋的学校，让他有机会上学，就感到自己比他人富有，即使每天上学必须步行数小时，都是心怀感恩与满足。在学校，记者看到一位小朋友，吃力地以指甲紧紧捏着一公分的铅笔芯写字，因为物资取得不易，她有这一小段铅笔芯还是写得很开心、很认真。

同仁们深感震撼，回台湾后发起“来自铅笔盒的祝福”募集活动，广获响应；短短时间募集逾两万个铅笔盒，每个铅笔盒都装着满满的铅笔、原子笔或色笔，两万颗爱心如涟漪一般，产生爱的循环效应。我们将募集来的文具送至甘肃，也陆续送往阿富汗、尼泊尔等同样欠缺的国家。

一个孩子的一公分铅笔，启动两万多颗爱心，拉近台湾到甘肃甚至阿富汗、尼泊尔的距离。

一分善念能引动多少效应？没有人知道。诸如有次菲律宾慈济人医会在三宝颜举办义诊，有位天主教徒看到病人突然呕吐，一旁的慈济志工直接以双手接捧呕吐物，如慈母对待孩子般的疼惜，令他深受感动，决心投入慈济。陌生人的一个动作感动他的爱心，爱心一启发，他也能投入救人的工作，对当地人助益很大。

还有位香港的谢师姊移民到美国圣地亚哥，由于经商的关系，经常往返墨西哥，发现玛瑞塔村庄有群没有户口的人，原来他们多从各地来此，准备偷渡到美国，因此没有报户口，然而偷渡谈何容易，他们最后只能待在村里穷苦度日。

当地是沙漠地带，没水、没电的生活，可想见多么苦。谢师姊感到不舍，提报慈济美国分会，于是人医会先前往关怀、义诊，渐渐地慈济人走入当地，了解居民的生活与需求；

不仅施医、施药，帮助生活物资，还希望孩子们一定要受教育，未来才有希望，所以为他们规划兴建学校。

家长们接受慈济的关怀，也认为自己因不识字而没有希望，希望孩子能有机会。校长、老师也受慈济人爱的教育所感动，配合慈济的人文，将孩子教育得非常好；连附近原有户籍的居民，为了孩子的教育品质，纷纷迁居此村，让孩子能进入慈济学校就读。

因此原本穷困的地方，逐渐地变成小市镇般热闹。慈济人时常来关怀，后来又为当地妈妈组成大爱妈妈班，训练她们学会裁缝，学得一技之长。当地不但繁荣兴盛，教育水平提升，居民生活安定，人也能安心，就不会想偷渡。

无论是哪个国家，我们都希望每个人能尽心力为人类启发爱心，推动爱的力量。我常说“效应”，不要轻视自己一点点的力量，如一滴水滴入水池，涟漪会一圈一圈地散开；任何人都可以是那一滴水，引发涟漪扩散的效应。

● 消弭一切藩篱

无私的爱不应分人我，更不应分区域、种族。十余年前，阿富汗饱受内乱、内战之苦，又发生大地震，逾五千人往生，伤者众多，还有十余万人无家可归。当时我们亟欲救援，却不得其门而入，好不容易联络上一个位于洛杉矶的国际慈善机构，他们有能力到阿富汗救灾，只是缺乏物资，就这样促成双方合作。

由于灾区危险，地势高耸，陆地交通与机场都因内战而封锁，只能从临近的乌兹别克斯坦进入。他们前往阿富汗的那几天大雪纷飞，直升机载着救济品，曾一度在空中盘旋无法降落，不时还有零星的战火，险被火线波及。

负责运送救援物资的爱德华博士，在出发之前知道慈济直接、重点的救援原则，深受感动，在状况危急时甚至发愿即使无法降落，也要用降落伞将救灾品安全送到地面。

历经几番波折，总算顺利降落，他非常感恩，跪地向天大喊："感恩台湾慈济，成就这次高难度的救灾工作。"

他们到当地时发现一件令人震撼的事，原来这里是两千多年前的"丝路"，有座山都是佛窟，有三尊四十米高的大佛；灾后许多人无家可归，而且风雪很大，大家就在佛窟里避难。爱德华博士表示因缘不可思议，他是基督教徒，承担佛教团体的使命，到达伊斯兰教国度救援，而当地这些虔诚的穆斯林，正在一个个佛窟中避难。

人人都应尊重生命，所以爱要开阔，合心助人；无论何种宗教、种族、国别，大家和平相处，共同为一念爱去付出，才是真正的世界和平。

凡事我们都应反求诸己，唯有先付出，才能受到他人的肯定。印尼有所习经院收容许多贫穷的孩子，当他们提出援助需求时，全院有四千多名院生，因此印尼慈济人每月援助五十吨米，为期两年。

援助期限年将届时，印尼的负责人及副执行长又说："习经院教长提出可否再多帮助他们一年？"

我告诉他们："可以再多帮助一年，不过院生们都是年轻人，年纪大的有十八岁，身体健壮，应该辅导他们自力更生。"

这位教长很有爱心，收容许多年轻人，政府给他们一千亩土地，原本没有特别用途，就建议教长可以用来开垦耕种。教长很认同，从此他们开垦土地，种稻子、玉米、小麦、蔬菜等，甚至还学习小麦收成之后，如何制成面粉做面包。

如今他们已能自力生产，同时会做环保、回收分类。院方很感恩慈济，表示慈济等于是他们另一种精神教育，所以习经院每天都有一堂"静思语"的课程，让大家阅读静思语。此外，他们还派遣三千名院生当慈济志工，接受培训，做得很欢喜。

所以说开启大爱的心，众生平等，世间宗教不离一个“爱”字——博爱、仁爱、大爱，彼此应该互相尊重与爱。

二〇〇九年九月，菲律宾数度遭逢台风，水患严重，数百万人受灾；看到灾区遍地垃圾、淤泥，若不及时清扫，可能引发传染病；灾区广大，当地慈济人力有限，加上居民受灾后普遍缺乏收入，因此采取“以工代赈”方式，鼓励大家投入清扫家园。

当地政府很认同，大家都觉得这个方法很好，一举数得。居民纷纷动员，从数百、数千到万余人，人数与日俱增，我们不仅恭敬地给予工资，还提供热食；这分疼惜的爱，带动了当地人，并体会到这分爱的力量。

他们不怕污秽，争相投入，同时和慈济人一起清扫，不觉得是在做工，反而因为那分清理自己家园的温馨使命感，所以心也变得开阔。

有位居民分享：“我家都是垃圾、烂泥，刚开始想到要自己清扫，手就软了。投入以工代赈，天天可以领工资，还可以和大家一起做，清扫别人的家也很高兴，今天就清扫到我家。”

有的居民清扫完自己家园后，自愿到其他地区义务帮忙。他们说：“今天不领工资，要当志工。”慈济人用智慧引导，带动起人人互助互爱的精神，人多力大，就会造福更广阔、更多人。居民为了感恩慈济，大家汇集人力金钱制作海报，写着“感恩台湾慈济”，大家一起拿着海报游行，走过自己打扫干净的街道，真是纯真又温馨。

人人同在天盖之下，脚踏着同一块土地，何必分你我、种族、国界？大家能有共同的一分大爱，做拯救众生的事，这世间就是一片净土。

辑三 人与人之间

每个人守本分、尽本事，

对人尊重，彼此之间就会互爱。

人人若发心立愿行善道，

社会自然就能祥和，天下无灾难。

第六章 启动爱的循环

一个人若只是时时接受他人的爱，可能不易体会付出的欢喜，因为惯于接受，认定“给我是应该的”，如此就会缺少感恩心；人生若不懂得感恩，则欠缺人与人之间的温馨与尊重，如何能真诚地付出爱？

有一则故事——两张大圆桌摆满丰盛菜肴，每个人都有一双长筷，其中一桌人争相夹食，却因筷子太长而吃不到食物，一见他人伸筷子夹菜，内心着急、懊恼、猜忌；只为了贪，平静的心湖搅起波浪，怒气一生频起冲突，大家掀桌扔碗，再好的佳肴也被破坏殆尽。

另一桌的人同样拿着长筷，却能互助互爱，与对面的人互相喂食，大家都能吃到美味佳肴；这群人彼此感恩，生活得很欢喜，犹如天堂。相同的生活条件，心境不同，结果就有天壤之别。

之一　从"心"做起

有时听人叹："事事难"，到底难在何处？难在人的心。因为人心分别好恶，是我所爱的会有一分感情；是我讨厌的，则多一分偏见、厌恶的情，互相牵引、折磨，心和人、事过不去，自然感到凡事困难。

其实许多事都很简单，也不是时间、空间难过，只要有心，坎坷窄路也能走成平坦大道。佛陀教育我们，修行必须从心修，心若修不过，行就行不通；心若能照顾好，就没有行不通的事。

简单练心

人间事有时令人疑惑，看起来简单的事物，内容却往往很复杂，如"人"字只有简单的两笔画，却未必能写得好，而且也最难理解。世间有可爱的人、可悲的人，以及可恨的人；这三种人占满世间，而"爱、悲、恨"都是复杂烦恼的事，想想这些是不是由简单变成复杂？

复杂烦恼即是无明，有时外境一来不能尽如人意，脾气、习气立即发作；明知需自我控制，却总会按捺不住自己的心。

有一次静思堂展出医疗展，精神科主任带我参观人脑的切片标本，并解释："我们还不知道人的思想意识如何形成，但是可藉由脑切片分析，譬如这个位置就是控制情绪。"他拿着标本，指给我看不同的脑切片纹路。看了感到：这不就是烦恼所源？因为无法控制情绪，或是每个人都有习气，以致变成复杂的人生。

其实这些神经如肌肉一般可以训练。佛陀说：人人都有与佛平等的智慧与清净本性，修行是要启发善良本性，练习控制情绪、改正习性。

众生常将简单的事复杂化，我们待人处世要简单，不要用心机。譬如别人问："你吃饱了吗？"可以直心地回答："还没吃。"或者"吃饱了"，感恩对方的关心，这就是简单的心态，彼此会很和睦、友爱。

有些人却觉得："这么问岂不多余，问我吃饱了吗，难道我会没饭吃？"以复杂的心曲解就变成误解。无论任何事，若以复杂心看待，简单事也会变得很复杂；若能以简单心对待，事事都简单。

有位阿缎阿嬷，她一生单纯，由于天生智能不足，自幼跟随父母乞讨维生。直到将近二十岁，父母、养父母先后往生，独留她一人，无家可归；村人为她找到一处废弃空屋，帮她整理整理，总是有个安身处。虽然她连一般对话都讲不清楚，不过相处久了，村人知道她善良、勤快，因此有时忙不过来，或者家中孩子太多，就会请托她照顾孩子，同时发现她很细心、用心。

她从年轻开始，以单纯的心思助人，几乎全村的人都曾托她帮忙，受她照顾过的孩子不少；如今虽然孤老无依，却也是全村人的亲人。她若生病，村里的医师免费为她看病，还有人定时在杂货店寄存金钱，她需要什么生活用品，可以径自拿取；她并不会贪心随意取用，是个心宽念纯、少欲知足的人。

这位阿缎阿嬷后来与慈济结缘，也投入做环保，问她："你做环保、捡拾回收物，知道变卖的钱要做什么吗？"她开心地说："卖、慈济、好。"她只会说些单字，简单却清楚地表达无欲无杂念的纯真。

我们常以"开心"形容欢喜无忧，意思是要开阔自心；有时问人："怎么闷闷不乐？""不知道，心好像被绑住了。"自己关紧心门，如同捆绑缠绕，当然感到复杂难解。

我常说："简单是美，单纯是善。"写字时若要一笔表达出吉祥、圆满，那就是一个圆圈；一笔画下一个圆，如此简单。同理，能用简单疼爱的心面对万事万物，自然事物圆满，无不美善；切莫如地震侦测仪器上的那条线——地震一发生，一条线画得摆荡、纠结，令人惊慌。

同样一条线，圆满的简单与不规则的纠缠，天差地别。因此我们要时时提高警觉，常保这念心简单调和，不要受不规则的震波影响，照顾好这念心平顺，待人处事都会很欢喜；日日用简单心，一笔就能画出圆满，否则无明烦恼难以收拾。

● 最美的语言

慈济人常说“感恩”，一句发自内心的感恩，不仅是世间最美的语言，也是人与人之间最虔诚的对待。

若想调和脾气，减少冲突，同样少不了感恩，就从自己做起——每天起床的第一件事就是感恩，面容常带微笑，感恩每一位家人；踏出门时，对街坊邻居心怀感恩，甚至对过路的陌生人都要感恩。

有一天，我行脚到台北，车子行驶间，看见一个人趴在路旁，仔细看清楚，原来是在涵管拉管线的工人，在炎热的天气下，穿着密不透风的塑胶防水衣，辛苦地工作着。我回过头就告诉车内的人：“大家要感恩劳工朋友，他们辛勤地工作，我们才有平坦的道路行走，生活有水、有电，还有坚固的房子遮风蔽雨；许多事物，都是劳工朋友用汗水辛苦换来的。”社会安定，我们要感恩各行各业的人。

“感恩”与“谢谢”在程度上有很大的不同：“感恩”的“恩”字是心上有“因”——因，就是种子；这颗种子深深种入心田，生根、茁壮，结出累累果实，表示程度很深刻。

诸如告诉他人一句简单的好话，对方接受后说“感恩”；一句轻轻的话，能感动内心，将这句话放在心中，用在日常生活，这就是“法”。因为懂得感恩，将“法”深深地种入心田，才能时时落实于生活中，所以“感恩”非常重要。

我们孑然一身来到人间，最后双手空空地走，唯有业力随身。从生到死的这段人生，每个人无不希望事事如意，其实欲念若大，贪无止尽，事事难如意；假如欲念少，凡事知足，自然会感到事事如意。能知足，就会懂得感恩。

有位老太太是我们的环保志工，看到她将各式各样的瓶瓶罐罐一一打开分类，有的瓶子还装着未用完的酱料，她也仔细地挖出来，清理得干干净净再回收，非常惜福爱物。她难道不累？当然累，但她却说：“感恩有这块福田，让我能利用生命好好地经营；说不累是骗人的，不过不做也是腰酸背痛，做累了，反而好睡。”观念一转，老人家仍可以充分利用生命。

人与人之间除了感恩之外,还要彼此尊重,才是真诚的爱。“感恩、尊重、爱”就是如此简单,常说“自爱是报恩,付出是感恩”,从自己做起,自爱爱人,爱惜生命是本分,尊重互爱是福分,要时时提高爱的互动。

心灵健康三要:乐观、善解、有爱

爱美是人的本性,每个人都喜欢美。美有三种:一种是身外环境,好好地爱惜、整理,保护大自然的清净卫生,才会舒适。再者是身体,保持健康,仪容整理干净,也是美的人生。还有心灵的美化,假如有健康的身体,心理却有病,也是苦不堪言。

如何保有健康的心理?第一、乐观;第二、善解;第三、充分的爱心。倘若生活态度乐观知足,就是心胸开阔,如此怎不会善解?善解的人时时打开心门,自然可以发挥爱心。

有的人紧闭心门,只关注自己,这是“我执”,会障碍很多智识;应该开启心门,让智慧之光照耀内心,再将内心的光明散发在外,也能使人有快乐的希望。

曾有一对嫂姑,嫂嫂进门后常被婆婆挑剔,小姑很有正义感,觉得自己母亲无理,总是说话讽刺嫂嫂。每当嫂嫂笑笑地接受，她就向嫂嫂说："你怎么那么傻？你听不懂妈妈的意思吗？"

嫂嫂回答："妈妈是在教我，妈妈说我不对，我是真的不对，就要改。"

嫂嫂愈是顺从，小姑愈偏护嫂嫂，觉得嫂嫂缺她不行，否则会受欺负。

有一回，小姑带嫂嫂来和我见面，小姑说："我嫂嫂真傻，请师父开导她。"

我问："怎么傻？"

她说："妈妈说反话她都听不懂，什么都逆来顺受。"

我问她嫂嫂："婆婆说你，你一点都不生气吗？"

她说："老人经验多，看得比我们多，我做了什么事不对，老人家开口说了，就要改，愈改会愈好，不但不生气，还应该感恩。"

我对这位小姑说："你嫂嫂很欢喜，被人骂都不会生气，还会感恩；她很有智慧，懂得善解，既然她能知足，哪里不好？倒是你用另外的感觉去听妈妈的每句话，只是抓住'话骨'，很美的'肉'都没看见。"

小姑不好意思地说："原来是我不对。"

人与人相处都是相对的，若一个脾气较坏或是习气较不好，脾气好的就退一步；如同在人生舞台跳舞，你进一步，我退一步，进进退退，彼此间必须互相尊重。重要的是思想角度若偏狭，看事物、听声音都会偏差，因此要学习如何看得正确又能美化。

一位慈济委员的会员有忧郁症，委员常去陪伴、关怀，会员说："我也不知道在担心什么？可能是担心先生的事业不太稳定、孩子读书不很理想。"

委员告诉她："不要担心，师父说：'心开运转福就来'。"

这位会员听了之后，自己思量："每天内心都像被绑住，才会常常失眠；先生怕我出意外也不能睡，半夜还要起来陪我，应该想个能心开意解的办法。"

想起过去委员常邀她到附近环保站，开始尝试做环保，虽然身体做得疲累，但是心很欢喜，忘了担心，每天睡得很好；先生不再为她担忧，能安心做事业，孩子原本就乖巧。过了一段时间，委员再到她家，一见她就说："你看起来不一样，很轻安。"

她说："感恩师姊，现在药也不用吃，先生安心做事，生意好多了。"

委员问她："你是如何能放下？"

她说："你告诉我'心开运转福就来'，想想担心没有用，应该要找一个心开的方法，所以开始和大家一起做环保，说说好话，有说有笑，认真做，什么烦恼都没有了。”

这是一个很好的例子，虽然自己还是凡夫，受家庭、外境人我是非束缚，尚未完全看开，但是听到一句有用的话，能辗转相传，说给他人听也是一种功德；有缘的人，听入心就能运用，用得欢喜，断除胡思乱想，获致心灵解脱。

之二 人有无限可能

看到一则新闻报导，有位视障的老师，殷勤地利用电脑教学，让视障学生用手触摸出境界，拓宽盲生的视野——尽管双眼难见世界美景，但是心灵境界有一片好风光，真是一位心灵的老师。

这些盲生内心单纯，不会计较物质生活，更不会贪求享受，只要有丰富的心灵资粮，他们就很满足；看到他们不必拿拐杖，在自己的空间行走自如，可见人有无限可能。

天地万物间，人称为“万物之灵”，是因为有智慧，人最珍贵的也是智慧。倘若智慧被烦恼覆盖，只是依赖物质享受，其实都是虚华与虚无，如一朵很快凋谢的花，又如泡沫人生一场梦。人生应该回归实际的生活，才真有意义与价值。

尽本分，得本事

多年前，一日早课后晨语时间，天未亮，天地静谧；这时听见精舍外面树上有鸟叫，地上有虫鸣，又听到青蛙叫声，往外一看，朦胧的天色中，刚好看到一只青蛙跳了几步，跳进莲花池里。我讲述了一则故事——

一天早晨，一处丛林僧众在做早课，那幅景象很庄严；有只青蛙跳到大殿前，见到这幅景致，既羡慕又自卑，心想："人类真好，有两只脚可以走路，而且礼佛的形态优美。"它期待自己也有如人类一样的两只脚。它天天祈求，终于梦想成真。

这只青蛙用两只脚站起来走路，骄傲地炫耀它与一般青蛙不同。后来有条饥饿的大蛇出现，其他青蛙看到大蛇赶紧跳离，这只用两只脚走路的青蛙，自己舍弃用四只脚跳跃的天生本分，遇到危险时却跑不快，在紧要关头才后悔：为什么要模仿人类，丧失自己的功能？

这个故事说明守本分的重要，做人的本分就是心地光明、付出爱心，以这分力量庇护大地万物、创造祥和。

尽本分，得本事；生活中尽心尽力，自然有自己的生活本事。若贪图他人地位高、财产多，这都是超越本分；有些人谨守本分，虽然现实条件不如人，但是有一分超越的本能。

如谢坤山居士真的很令人佩服，一般人说“双手万能”，他没有双手；“脚行万里路”，他缺少一只脚，另一只脚的趾头受伤萎缩，双脚都有缺陷；“双眼看遍世间万物”，他有一眼不健全，但是他的本能与谋生能力，却超越平常人。在日常生活中，不需他人帮助，刷牙时用一小截手臂将牙刷靠在洗脸槽，没有手就靠口摇动，看他牙齿洁白也没有补牙的痕迹，保健得非常好；他还会整理家务、照顾幼子，想出许多生活方式。

他努力学习绘画，创作一幅莲花图，悬挂在花莲慈济医院的心莲病房外，用心看，隐约可见佛的形象。一般人有健全双手也未必画得这么好，何况他竟是用口含着画笔，画出这幅令人赞叹的画，不仅为生活带来生机，还可以传授他人；甚而唤醒许多身体健全、心灵却残缺的人。

每个人都有求生的本能，若是不守本分，才会失去本能、本事，不懂许多做人的道理。常看大爱台“草根菩提”中的阿公、阿嬷，听他们一句有哲理的话，会感到很欢喜；也许老人家没有机会受多少教育，可是用心听他们的话，都是历经人生真实的经验，才是真理。

今日社会经济富裕，家庭环境普遍优渥，孩子备受疼爱，享有丰富资源；因为生活过于优渥，变得不知足，心灵苦不堪言。反观许多苦难家庭中，孩子懂得上进，自爱、知足，能守本分，拥有单纯的欢喜。

嘉义有对小姊妹，母亲瘫痪在床，无法自理起居，她们年纪小小承担起照顾母亲的责任，让父亲能安心工作。就读小学的姊姊利用下课十分钟的时间，快跑回家帮母亲翻身，处理一切生理需求，还要将母亲从床上抱坐到轮椅上，照料妥当后，再快跑回教室上课；就读幼稚园的妹妹，放学回家也会帮忙做家事，她们从不埋怨，在校成绩也能保持得很好。

后来慈济人知道这个家庭的困境，将这位母亲接到医院治疗，姊妹俩除了到医院照顾母亲之外，也去做小志工；母亲经过复健，已经可以坐在轮椅上自己活动。

何种环境最好？懂得道理，守本分、尽本事就好；生活若遇瓶颈，要及时提起责任感与勇气，才不枉来人生走一趟。

守规矩，得自由

人都有所追求，有的人追求身体的自由；有的人追求心灵的自由。

追求心灵的自由有两种——一种人尽量调服自心，追求真理，学习包容、原谅，因此让心灵得到轻安自在；另一种人心量狭窄，不断地计较人、事，惹出纷争，却认为自己想做的事，是个人的自由，其实这种如野马狂奔的心态，充满烦恼、恐惧，何来自由可言？

追求身体的自由也有两种——一种人安分守己，行事谨慎、避免犯错，进而能付出助人，所以自然到处都心安身轻；另一种人则抱着愚痴的念头——只要我喜欢，有什么不可以？飙车、吸毒、沉迷声色，却招致许多身体不自由的后果。

有智之人追求的是身心的真自由，若能守规矩，同时利益人群，如此身心欢喜自在，才能得到真正的解脱和自由；反之，毫无节制、自以为是的自由，如同无知的孩童玩火，实在很危险。

人生道路应尊重他人的自由，不能只想自己为所欲为而妨害他人自由，因此礼仪教育不可废弃。每个人守好规矩伦理，负起责任使命，培养善念，才是世间之福；否则一味地强调“开放”、“自由”，却没有规矩、轨道，找不到路与方向，就紊乱了秩序。

因此人人必须有规戒，“戒”是防非止恶，预防自己逾越礼节，这叫做“懂规矩”。做人首重“人道”，谨守做人的道德——五戒五常，律己防非，五伦有序，万善和融。

“五常”是仁、义、礼、智、信五种人伦常理，对应佛教根本戒律的“五戒”——仁是“不杀生”；义是“不偷盗”；礼是“不邪淫”；智是“不饮酒”；信是“不妄语”；这都是人生正道。

首先是“不杀生”。世间最宝贵的莫过于生命，杀人或自杀都是犯杀戒；佛陀教导我们应疼惜一切生命，蠢动含灵皆有佛性，人类既然自诩为万物之灵，应保护万物。

其次是“不偷盗”。对他人的财物萌生贪念，一旦付诸行动，小则偷窃大则强盗；盗取不成即伤人害命，都是戒律所严禁。

还要“不邪淫”。夫妻互敬和谐是家庭幸福之本，倘若任何一方不守夫妻之道而脱轨，都会扰乱家庭与社会。

“不饮酒”。时常保持神清智明，智慧得以萌发；饮酒会乱性，世间有多少罪恶，皆因乱性导致丧失理智，铸下种种错误。

“不妄语”。做人要有诚信，才会受到肯定尊重与信赖；人若无信，如何立身处世？诚如孔子所言：“人而无信，不知其可也。大车无輗，小车无軏，其何以行之哉？”

传统的五伦——父子有亲、君臣有义、夫妇有别、长幼有序、朋友有信，就是人伦规矩。现代社会君臣关系可转换为劳资有义，老板对待员工应赋予信任，劳方须尽忠义；父子有亲、夫妇有别，合组家庭必须负起家庭责任，教养下一代，不能逾越人伦之道；长幼有序，各年龄层都要守好各自本分；朋友有信，对朋友要有信用。

人伦之礼是做人的本分，五戒、五伦与五常皆是社会有序、家庭幸福的基本规范——人人都遵五常、守戒律，实践人伦道德，人生就会平安、幸福，社会祥和安康。

能克己就有余

大林慈济医院赖院长有回说了一则小故事，轻松可爱，却富含大道理——有个孩子走在路上，发现十元不见了，伤心地哭泣。

一位好心人问他："孩子，为什么哭成这样？"

孩子说："我丢了十元。"

好心人说："不哭了，我给你。"孩子接到十元之后，哭得更大声。

好心人以为他是感动得哭了，赶紧安慰他："十元不算什么，不哭。"

孩子说："我是在哭，如果我的十元没有丢，加上你给的十元，我就有二十元了。"

想想一般人是否常如这个孩子的心态？损失当然会难

过，但是再得到的是否欢喜？倘若不知足，永远不会欢喜。我常说一句话："有一缺九"，诸如有人月领高薪，然而多做点事就斤斤计较——没有出差费、加班费等，凡夫往往迷失在计较中。

佛陀教导我们人生如梦，倘若人人都要做享受的人生梦，犹如孩子吹彩色泡泡，一个个五彩缤纷，却很快就破灭；又如梦中境界，无论再美，醒来仍需面对现实生活。人生要面对现实，用智慧选择正确的道路，勿做贪婪无度或悭贪不舍两种极端的人。

早期我们曾经帮助一位老人家，以前担任校长，退休后仍占用宿舍不愿搬离；校方屡劝未果，最后挪出窄小破旧的工寮给他，想借此请他搬离学校，无奈他只想节省住屋费用，竟接受校方安排，一直住在恶劣的环境。

接触他时已患肝癌末期，无人照料，慈济人送他到医院，除了照顾起居之外，还补助饮食等，直到最后一口气，医院请我们帮忙处理后事，慈济委员为他清洗身体、更换衣物。医院将他留下看似垃圾、用报纸包着的遗物交给慈济人，说："这些东西，你们也帮忙处理吧！"

慈济人整理发现，原来旧报纸、破布包着的是黄金，还有一本存有二十余万元的存款簿，数十年前，这是一笔大数目，可以买好几栋房子。后来才知道,他有个儿子长年在国外不回来,他每年寄钱给儿子,却不让儿子知道他有多少财产,也舍不得自己花用。最后慈济人将所有东西交给公所,通知他的儿子处理。钱财不用如同废物,真是想不通的人生。

此外,对钱财的贪念也可能招致伤害。佛典中有则公案——某日阿难跟随佛陀走在路旁水沟边,佛陀突然回头对阿难说:“毒蛇。”

阿难向水沟探看,恭敬地说:“的确是毒蛇。”

一对父子走在后面,听了也探头看,发现是一瓮金块,开心地将这瓮金块搬回家。不久,衙门官差到他家质问:“国库被偷走一瓮金块,据说在你家。”

父子急忙回答:“我们没有偷,是在水沟捡到的。”

由于没有证据可证明,这对父子遭到逮捕并处刑,父亲感慨地说:“真的是毒蛇!”

儿子也说:“的确,我们碰到毒蛇。”

办案官员觉得奇怪,问:“你们父子在说什么?”父亲就重述事件经过,后来经查证,这对父子才获释。

佛陀以此启示修行者:“一念贪心,就是无形的毒蛇;去除贪欲,才不会惹祸上身。”

人往往因一念贪婪,招致有形或无形的祸患,因此即使经济不景气，应借此自我教育——扫除贪婪，还本归源，也就是回归清净本性，克勤固本，才能保安康。

有位受裁员而待业的慈济志工，平常一家人生活克勤克俭，三餐只是一两道菜佐餐，若有剩菜就留到隔餐再吃，不制造厨余；回收别人丢弃的桌椅，修理后再使用；孩子阅读的是回收书本，也会随着父母一起到回收站做环保。他们认为能一家和气融融，生活不必奢求。虽然失业，不过心中富足有余，还可以利用这段时间投入志工行列，天天都很快乐，这不就是富有的人生？

生活简单、清平，还会有什么欠缺？用感恩心疼惜大地，以爱心疼惜物命，在一个有智慧的人手中，世间物资永远没有废物，可以多利用，如此常保自然资源丰富。只是人浪费过度，一味追赶流行，随意花钱购买物品；又不懂得珍惜，物品没坏也照样丢弃。

其实流行只是人的虚荣心作祟，不要只因一时想要就买，而应谨慎地用于必需；既然是必需品，就要珍惜、爱护，即使物资破旧、损坏，也可以发挥巧思再利用。

有位何阿嬷很疼惜物命，被单破损，细心地剪下没破的地方，按照原有的一朵朵印花，重新改制成漂亮的靠垫。雨伞坏了不能使用，做好资源分类——铁制部分另外收集，雨伞的布料还可以剪裁成雨衣。有提袋破损，修修剪剪，重新缝纫，又变成新的提袋，还利用电线滚边，牢固耐用又美观。

这不仅是工巧惜物的美德，也是阿嬷的智慧，从年轻迄今，巧思运用物品，在她的手里没有垃圾；甚至废弃不用的热水瓶，还具有保温效果，她就将一早洗过脸的热水，倒进瓶内，一天下来都有温水可以洗手。

有些人会埋怨："我老了，没有用了。"但是阿嬷并不这么想，她与先生都八十多岁，两人牵手人生，十余年来也是一起投入环保站，都是人间之宝。

她珍惜感情也珍惜大地资源、民生物用，发挥智慧良能，每件生活物品都是美善的艺术，这种美德值得人人学习——惜福爱物，利用之后还要回收，如此一来，大自然的物资不会迅速消耗，重复使用可以保有所需的物资，不会欠缺。

生活在这一片天地之间，应克服自己欲念，用智慧疼惜物命，大地资源才能常保有余。

之三 做他人的贵人

大家有缘相聚，应互为善友、贵人，引导正确的道路，如此你是我的好朋友,我若犯错,赶紧提醒、纠正我;你若有错误,我也诚恳地告诉你,彼此都能以欢喜、感恩心接受。人人守规矩,社会自然没有相瞒、欺诈、斗争的事,人与人之间很祥和平安。

此外,还要进一步发挥力量付出,每个人都有无限爱的潜能,只要启发人人本性中潜伏的无限大爱,互相鼓励、帮助,合心协力,相信世间没有困难的事。

发掘无穷潜力

一般人做事常会找借口:身体不好,还有什么不方便等。时间总是在借口中流逝,理想也随之失落。有位弱视的张居士,只看得见眼前几公分的范围,但是他发心做慈济,受感动必投入于行动。

有次活动要表演手语,他人学手语,眼睛看着老师的手势,配合音乐很容易学会;他在几乎看不见的状况下,坚持学习,曾有数度因进度缓慢感到沮丧,不过靠着耐心与毅力,克服许多困难,一次再一次,终于学会。与大家一起在台上表演时,和大家平齐,拍子毫无差异,一点都看不出他有弱视,仅凭听觉。

他同样与其他慈诚队员轮班值勤,别人做什么,他一定做到。整理环境时拔除杂草,不能拔到好的草,所以他趴近地面仔细看、认真拔;轮到他守夜时,先拜托师兄带他走一次,熟悉环境,认清电源开关位置,何处有窗户,如何关门窗、电灯等,没有难得倒他的工作,用心、用爱付出,令人感动,这正是我常说的:"用耳朵'看',事事多用心。"

南部有位吕师姊则是后天不明原因耳鸣导致重听,一直医治不好,有段时间相当困扰;后来她学会与耳鸣共处,当作音乐,还专心投入慈济人文真善美志工。她眼睛看得清楚,拿起照相机留下历史的镜头,不只能拍照,也可以书写、记录;一支笔、一本簿子、一部照相机,可以见证历史,这是很重要的工作。

因此我常说,每个人都有本能、潜能,只是若好逸恶劳,往往在日常生活中就不知不觉地废弃。

曾有位七十余岁的老人家,他是退伍军人,罹患癌症,平常生活起居很不方便。他有一位同袍就住在隔壁,常来照顾他。有次淹大水,同袍赶紧过来看看这位行动不便的老邻居,当时水已快淹到床上,同袍立刻背着他上阁楼。

水退之后,慈济人前往看望这位老先生,背他上去的同袍老先生就说:"麻烦你们赶快帮忙把他搬下来。"

通往阁楼的楼梯又窄又陡,几个年轻人要背他下来都不容易，楼梯下几个人护着："小心、慢点。"好不容易才将卧病的老先生背下来。

有人好奇地问："那时候是怎么上去的？"

隔壁的同袍老先生回答："我自己都不知道当时是怎么背他上去的，现在看了，我脚都软了。"

卧病的老先生与这位隔壁同袍年纪相当，而且体态还要更壮硕，隔壁的老先生一时情急，为了助人，没有想到自己力量够不够，一口气背他上去，这不就是本能与潜能？

由此可见，只要肯用心发挥，这股自助助人的真实力量用之不尽。

及时行善的自信

爱，是一条平坦的康庄大道，人生若缺爱则坎坷难行。

有人认为"善门难开，好事难为"，即使想要付出，听到有人议论："真傻，赚钱不会自己花。"久而久之，爱与善念会受环境动摇，自己也感到："辛苦赚钱，为何要白白付出？"

其实人生有所为，有所不为；可为之事就应积极地做，把握当下付出，会有最丰富的心得，同时感到无比欢喜和自在。因此对于自己选择的方向，既然正确，就要守住信念，无论家庭、社会或整个国家，人人都应有无私信念；更要相信，总有一天再坎坷的环境都会改变。

有愿有福就有力，大爱可以用团队精神发挥影响力，这要大家真正地身体力行，能行才会巩固道心；否则能说不能行，一旦遭逢一点利诱或困难，就很容易放弃。

旧金山有所小学，超过百分之九十的学生都是移民来的穷困人家，他们严重缺乏物资，相当令人不忍；慈济人从赠送书籍开始关怀这群学生，也常常发放食物、制服等。

有位黄女士了解慈济，常常和慈济人关怀这所小学。一次她带着孩子一起付出，那所学校的一位小女孩，年龄和她儿女差不多，跑到她身边说："你能不能收养我？我都没东西吃。"她深感震撼。

还有一次，看到一个孩子偷拿番茄酱包冲水喝，有个女孩偷抓米塞进嘴巴，问她为什么偷东西？女孩说："我真的很饿。"孩子们并非本性恶劣要偷窃，是因为饥饿难耐。

黄女士感到自己应该调整生活，多一些时间投入慈济，关怀需要的孩子们。她原本是一家国际药厂的高级干部，下定决心提出辞呈；老板吓了一跳，极力慰留："哪家公司要聘你？有多高的薪资？我们可以加薪。"

她说："都不是，这里的薪水很高，我很感恩也很满足，只是我希望全心投入慈济。"

老板问:“慈济是什么?”

她将慈济所做的援助,关怀的苦难人所身处的恶劣环境,一一解说给老板听,老板不太能理解,质疑做好事真能如此快乐?比领高薪更值得吗?

令人感动的是黄女士辞意坚定,决心要做专职的志工,从此每星期一到五,她都会与另一位慈济人前往这所学校关怀,希望让学生能有较好的学习环境;而且在周末前会为孩子准备装满食物的爱心包,让孩子即使周六、周日放假在家也有得吃。平常以慈济人文带动,为学生补强课业,不只教导学生提升成绩,同时加强品德教育,落实生活礼仪、规矩,懂得珍惜、爱护地球,动手做环保,如今这所小学已成为当地很好的学校。

黄女士舍去个人利益享受,以欢喜心投入付出,真是不容易。人生苦短无常,看到世间悲苦的景象,应启发自己的爱心,身体力行及时行善;因为有每一个人的力量,才能真正改善环境,这就是爱的生态。

心富足成为新富族

世上很少有人认为此生完美无缺,即使拥有富足的财产,诸事得意,仍免不了生老病死的缺憾。其实财富不如心富，无论面对何种环境，或人人必经的自然法则，时时心存感恩与知足，富有长情大爱，就是最幸福的人生。

倘若徒具钱财，心灵却常患得患失，这种“富中之贫”的人生，也是一种苦难。诸如全球爆发金融风暴时，证券市场起起落落，多少人满心烦恼，苦不堪言。能凭借自己的实力做事，生活清淡平实，行有余力能助人，不就是知足而富有。

有位蔡阿嬷，她的女儿育有一男一女，应是幸福的小家庭；不幸的是，由于先生不负责任，母子失去依靠，加上小孙女出生时，因脐带缠绕脖子造成缺氧，导致癫痫重症，阿嬷的女儿在种种打击下罹患忧郁症。阿嬷不忍心，将他们一家三口带回照顾，可以想见生活担子多么重。

透过高雄一家医院的社服转介，慈济人前往关怀、陪伴，辅导阿嬷女儿走出忧郁症的阴霾，并且找到一份看护工作，对家庭生计有很大的帮助，才逐渐减轻阿嬷的负担。孙子很乖，半工半读，一家人为生活认真打拼。

阿嬷为了让女儿安心工作，全责负起照顾十七岁患癫痫重症的孙女。孙女年幼时，阿嬷还有力气背她、抱她，如今愈来愈吃力；医师表示，孙女随着年纪愈大，不但体重增加，还会因器官逐渐衰竭，残疾愈来愈严重。

尽管照顾孙女日益艰辛，阿嬷从不放弃，善解地说：“她有缘生在我们家，就要好好地照顾。”阿嬷不仅知因果，在逆境中还能顺受，真是心宽念纯。在照顾孙女之余，阿嬷利用时间做环保，有时变卖换得三十、五十元，她会让孙女亲手布施，存十元或二十元在竹筒里，作为助人善款。尽管生活拮据，但是她以自己的劳力贴补家用，还能积少成多，付出爱心。

其实只要身心健康，虽贫亦富。蔡阿嬷年事已高、背都驼了，仍不畏人生坎坷困苦，今日能做就去做，自助、人助再助人，心灵多么富而有力；遭遇困顿横逆能善解，如此则受福有余。

人的生活到底需要多少物资？没有基准。只要心中有爱，克勤克俭，每个人还可以做帮助人的人。宜兰一对近八十岁的老夫妻，两人相依为命，阿公双耳重听，阿嬷视力模糊；他们原本有个孩子，出生就是自闭儿，从小到大都是父母呵护他，直到四十多岁时，因为感冒吃成药而昏迷不治，往生了。

十余年来慈济人陪伴、关怀这对老夫妻，有时帮忙打扫家居，若有什么需要帮助的，很快就有人赶到，视两老如自己的父母。这对老夫妻善良、可爱，虽然一生困苦坎坷，但是有慈济人的关怀，心灵有所依靠，也能开心过日子。

有一天慈济人前往探望时，阿嬷问慈济人：“看你很忙。”

“对啊，要去收功德款。”

“功德款是什么？”

慈济人向阿嬷解释，善款都是来自爱心人点滴的累积。阿嬷了解到她所接受的补助款，是这么多人辛苦地一百元、二百元收来的，表示希望停领慈济扶助金。

因为他们还领有老人年金可供生活，阿嬷说：“我们夫妻一个月用不到一千元，还有剩，功德会不用再给我们。”

同时她还要一个月捐五百元，慈济人担心他们的生活，对阿嬷说：“一百元就好了。”

阿嬷坚持：“你们常常来看我们，若有什么事，何必担心没钱？”真是有爱心也有智慧。

想想钱财再多，有病动弹不得时，眼睁睁看着钱也没有用，所以他们要及时做救人的人。后来他们还安装大爱台，阿嬷要听法，因为视力模糊，就坐得离电视很近；阿公的身体不错，只是重听，常在外面捡拾回收物，阿嬷待在家做分类，两位老人家一起做环保，轻安度日。

期待普天之下人人是菩萨，这片大地成为菩萨净土，就不会有苦难人；有人认为理想谈何容易，其实每个人付出一分爱心，影响周围的人一起行动，伸出双手救拔苦难人，人人都可以做他人的贵人。

第七章　人事理之圆

生活中，难以避免人与人之间的相处，倘若内心狭窄，什么都过不去；心若放得开，还有什么烦恼可缠绕？种好因得好果，结好缘得好报，这是因果循环；与人结好缘，应先去除瞋怒的习气，从“忍辱”做起。

“忍”的确不易，中国造字巧妙——刀字插在心上，能拔出而不伤身，才是真功夫。有些人亲切和蔼，大家见了就开心，如玉里慈济医院的张玉麟院长，除了照顾医院之外，还经常参与义诊、往诊等，忙碌中总是不忘笑容。

玉里慈济医院的医护同仁定期前往偏远地区往诊关怀，有位九十余岁的阿公身体硬朗，只是一人独居，同仁常常关怀他。有一天，发现阿公的手脚红肿，当下直言劝他就医，老人家听了不太高兴，固执地说：“不用，我会研究中药，自己治疗就好。”

同仁回来告诉张院长，张院长赶紧探望阿公，一看到阿公就九十度鞠躬，很有礼貌地问候。阿公看到张院长有礼又亲切，很有好感，立即拉近了距离；张院长与阿公聊天，还称赞他研究中药，阿公听了高兴，就让张院长看他红肿的手。

张院长一看，不只肿还起药疹，心想一定很痒，一边问：“阿公，会痒吗？”一边拿棉花沾酒精，说：“我用这个凉凉的帮您擦一擦好吗？”

阿公欢喜地说：“好。”

张院长继续说：“阿公，虽然中药很好，但是您会痒，破皮后会溃烂，先帮您上药膏好吗？”阿公一开始就对张院长有好印象，所以样样好。张院长顺利帮他消毒上药包扎，一星期后都痊愈了。

平常心胸宽大，面对任何事不计较、不发脾气，认为是本分该做的；所以忍——并非“忍无可忍”，而是“忍而无忍”，与人相处就不会有障碍。

我常说：“人圆、事圆、理就圆。”对人能圆融，做事能圆满，道理就圆，这就是清净圆满的心。

之一 屋檐下的相处之道

闽南语俗谚:“父母疼子长流水。”水都是流向低处,这句话意谓大家为子女不计付出,甚至为了孩子对自己节俭苛刻,无非只有一个心愿——多存些钱财给子孙。然而,子女是否能体会父母的心?

俗云:“富不过三代。”父母应懂得“留财不如留德”,中国人最美的美德,就是家庭伦理——小时候父母疼惜、照顾,子女要有反哺之心,长大之后回馈、孝顺父母。一个家庭,对上孝顺,夫妻和睦,对子女要用智慧的爱,若能上孝下爱,家庭必定幸福。

父母是孩子的模

过去听人说:“生个孩子,妈妈要撒三年的谎。”意思是父母疼孩子的心态,诸如当孩子牙牙学语时,出点声,妈妈会觉得是孩子在说话。曾见过孝顺的子女对母亲有相同的形态,不知老病的母亲是否点头,外人看来并不明显,可是女儿却兴奋地说:“有,妈妈在点头;妈妈听到了。”

父母是孩子的“模”。父母如何对待祖父母,孩子会有样学样，因此孝顺应及时；而且父母有如堂上活佛，应时时嘘寒问暖，尽心侍奉。

有位果农娶妻生子，平日辛苦地种植果树维生，太太也殷勤地帮忙照顾果园。白天孩子在家，由阿嬷照顾、疼爱，可是媳妇一回家就要孩子回到她身边，倘若孩子还依偎在阿嬷身边，她就会责备孩子太依赖阿嬷；有时阿嬷煮好食物给孩子吃，媳妇回来就将东西拿走，自己做给孩子吃，经常在孩子面前对婆婆没有礼貌。

她先生看在眼里，心里难过，对她说："你应该对妈妈好一点。"

她理直气壮地回答："孩子像我们种的果实，我们那么辛苦，就是希望结果；结了果实，就要珍惜、疼爱。"先生听了很无奈。

一日，先生到果园砍断果树的根，不久树叶和果实纷纷凋零。太太惊呼："怎么会这样？果实都掉了。"

先生说："你没看到吗？根断了。"

她问："为什么根会断？"

先生说："我砍断的。"

她说："你这傻瓜，怎么可以把根砍断？果实都掉下来了。"

先生说:“对,果树要顾好根,如同人要顾根本;我是父母所生,妈妈辛苦养育我,孝顺是做人的根本,你不能尽孝道,等于断根一样,如何结出好果实?”

太太想了想,说:“是我错了。”从此懂得孝顺婆婆。

为人父母,应负起家庭责任,用爱教育儿女;为人子女也有其本分,该孝顺长上。

有对夫妻是我们的委员、慈诚队,他们与老父亲同住。每天一早老先生出门运动,回来时媳妇会说:“外面很冷,爸爸您有没有穿暖和一点?运动完了很累。”一边扶公公坐下,奉茶递毛巾。

老先生问:“家里都打点整齐了,你们今天准备做什么?”这对夫妻会和父亲谈谈慈济的活动,他听了也很欢喜。

小孙子放学回家,一见面就抱住阿公,阿公也搂着孙子,疼惜地问:功课如何?小孙子高兴地说:“我这次考第一名。”爸爸要奖赏他,孩子却表示,要将钱存入扑满做善事。

这个家庭充满欢喜、和气的气氛,媳妇对公公、儿子对父亲毕恭毕敬,时常轻声柔语地关心;阿公欢喜,父母和蔼,子孙孝顺,这就是有福的家庭。

用"真忍"化解冲突

有则有趣的故事——一对兄弟分家产，由于父母已不在，就请舅公帮忙。如何分才公平？妯娌、兄弟互不相让，舅公无奈地说："不然将全部财产拿出分配。"舅公一件一件地问，兄弟仍计较不休，觉得每件都有份；最后舅公只好将盘子敲成两半，对兄弟说："来，这个盘子你一半，你也一半。"还要将其他桌椅、衣物都剖成两半，吓得兄弟决定不分家。

其实兄弟情谊密不可分，物品分得开，心能分得开吗？偏偏人的内心总是分别计较，因而打破亲情，甚至恨生怨起，彼此仇视争执，如此世间怎能和睦？

历史记载，唐高宗非常重视孝道，当时有位张公艺家族九代同堂，唐高宗出巡时顺道前往探望，唐高宗问张公艺："什么方法可以让大家族和睦相处？"

张公艺不语，拿起笔写下一百个"忍"字，唐高宗见状不禁眼泪盈眶。的确，大家族共同生活，必须忍才能和；只有一个人忍没有用，但少一个人忍，就会失和，所以每个人都要忍，岂止百忍、千忍，有忍才会宽心。

传统社会家庭伦理观念深厚，现代人则较薄弱，常随个人喜好贸然行事;看到许多年轻夫妻辛勤工作,等到经济情况改善,反而无法和睦相处,动辄离婚乃至失去家庭和谐与幸福,实令人惋惜。

早年我讲《地藏经》时,有位将近六十岁的妇人告诉我:"师父,您不知道我先生以前有多坏。"她诉说夫妻俩听经改变的过程——过去她常忍不住和先生吵架,先生会打她,她还掀起衣服让我看她的伤痕,说:"您看,我这里变形,那里也变形,教我当时怎能不想死?"

我问:"你是怎么改变想法?"

她说:"我听师父说,自杀罪加一等,又结不好的缘,所以我甘愿清偿过去的恶缘。"

我问:"你怎么还?"她举了一个例子。

一日,她先生晚归,原本很生气,不过想想才刚听完经,应把握机会学习,因此试着忍耐而没有开口骂人;后来先生直说胃痛,她就说:"你是不是还没吃?要不要我煮些东西给你吃?"

她先生怀疑地说:"你是真好心还是假好心?"

她说:"不要这样,我现在都是真的了,做了这么多年夫妻,给我一个为你服务的机会。你每次胃痛,吃点东西就好些。"

她先生说："那你给我煮个面线。"于是她烧水、煮面线，煮好后拌点茶油，热腾腾地端来，看到先生睡着了，将他摇醒，说："赶快趁热吃。"

先生看到这碗面线，不高兴地说："我口渴，要吃汤面。"

太太一听，心里升起一把火，想：换成以前，你要吃就吃，不吃就算；但是现在要忍耐，说："我再帮你煮个汤，让你配着面线吃。"

煮了热汤端去时，先生又挑剔地说："这汤太油，我想吃清粥。"

她强忍住脾气，"好，没关系，面线我自已吃。"继续洗米煮粥。

粥煮得差不多，问先生："想配什么菜？"

拿酱瓜配上清粥，端给先生。先生直看着她说："你今天不一样，怎么没发脾气？是不是不舒服？"

太太说："我不会再向你发脾气了。"

"为什么不对我发脾气？"

"因为我听师父讲《地藏经》，不想再与你结恶缘，想要度你。"

先生笑说："你学佛学不到三天，就想要度我上西天？"

她说："现在不度，要等你感动的时候。"她持续每天来听经，后来先生也会陪她一起来。

太太向我说："我先生听经之后，懂得忏悔。"

我问先生："你忏悔了吗？"

他说："我还不知道什么是忏悔，不过，已经知道以前对太太很坏。"

我说："现在呢？"

"现在我应该每天向她道谢，要疼她。"

"对，要疼太太像在疼孩子。"

又问太太："你现在对先生如何？"

"我也很珍惜。"

我说："对，惜丈夫也如惜孩子。"如此家庭就和乐圆满。

心和万事兴

每个人都应守规矩，对个人而言是一种修行，众人会合就是制度。家庭不离做人规则，倘若每个成员都能谨守伦理，如此父母慈爱、子孙孝顺、兄弟友爱、妯娌和睦，家庭自然和气；俗云："家和万事兴。"家要和，需要人人的心和，所以也可以说是"心和万事兴"。

人与人之间一旦失和，什么事也做不好。以前我常举一个例子——有对夫妻开一家糕饼店，生活相当忙碌，两人经常稍不顺意就发脾气，每天吵架、打架，左邻右舍不得安宁，请乡长想办法。乡长说："我知道必须想办法解决，可是这对夫妻真没修养，愈劝吵得愈厉害，很伤脑筋。"

有天乡长外出散步，远远又见这对夫妻在店里吵架，只听先生激动地说："你再不听话，我就拿刀杀你！"

太太也大声说："杀啊、杀啊！反正我也不想活了。"

乡长赶紧上前劝解，未料他们不但不听劝，反而争吵得更大声，动作更激烈。乡长心生一计，往外大声叫："乡亲赶快来，糕饼免费享用，尽量来拿吧！"

夫妻俩一听乡长要大家拿糕饼，急忙问乡长为何如此？乡长说："反正你们一个想杀人，一个想要死；被杀的人死了，杀人的被抓去关，留这些糕饼何用？"

两人听了，静默无言。乡长接着说："夫妻俩不要动辄吵架，有缘才能结成夫妻，应该相互尊重，用感恩心化解对立。你们听到大家拿糕饼会感到心疼、不舍，表示很看重努力得来的成果，既然如此，就不要轻易毁掉。"夫妻俩冷静想想，觉得乡长的话很有道理，答应往后好好相处，不再吵架。

为了维系家庭，每个人各有责任与本分，只要认清自己的责任、安守本分，即使终日忙碌，仍会感到平静；若动辄埋怨"要不是为了你们，我何必这么辛苦"，或认为"自己付出比别人多”,则情绪难以平衡,烦恼不断,使家庭争执不安。

古云:“积善之家,必有余庆。”善与爱是最好的传家宝,诸如真人实事的大爱剧场,曾播出《草山春晖》,高居士一家就是如此和睦。尽管父亲往生,大哥为了让弟弟们独立自主,一再提起要分家产;但是兄弟合心不愿分,兄弟妯娌相处都很和气。

有次从事建筑业的高居士遭朋友倒债数亿元,家中没有人责备,一同承担负责,互相勉励、提携,共度难关。高居士能一步步地重振事业,重要的是家庭那分和气,兄弟间彼此照顾。

佛陀说人生是苦,真正懂得善解、包容的人,与人相处就会和谐;和谐的人生,就是福。

之二 校园人际网

人生的希望在教育,社会的希望在人才,人才的培养不离教育。培育孩子如种树,种子不可缺少土壤、水分、阳光、空气,细心栽培照顾,就会发出幼苗,逐渐茁壮长成大树。

因此教育要有优良的环境,让孩子从小在日常生活中,所见所闻都有好的楷模。在家庭,父母是孩子的“模”;到学校,老师是学生的“样”,有好的典范观摩学习,就能培养人生的理想价值观。

每个人都有发挥爱的能力,无论家庭或学校,要让孩子懂得如何自爱爱人;倘若一直单方面给予爱,时间久了,孩子会感到接受是理所当然,缺少培养自爱的能力,遑论付出爱人。所以师长除了传授知识之外,还要教导仁义礼节、伦理道德等待人处事的道理,这都必须从家庭、社会、教育单位一起合心推动,才有力量。

● “亲、师、生”三合一

师道隆,伦理昌盛,世间就有希望,所以教育首重“教之以礼,导之以正”——所谓“礼者,理也”,礼就是理,让孩子先知礼,才会懂理、识理。

礼仪教导需要亲、师、生三合一,以前家长常告诫孩子“要听老师的话”,叮咛孩子将老师教导的道理放在心里、落实生活中;孩子日日听父母说要尊重老师,自然会敬重师长。

老师在学校以身作则,与其他老师之间彼此见面行礼,做好礼仪表率,学生看到就会懂礼貌,见到老师会鞠躬,这是校园中应有的礼仪。此外,老师在课堂上教导礼节、伦理,学生眼睛所见的是老师表率,耳朵所听的是人文典范,耳濡目染都是好事、本分,就会在礼中懂理。

时下青少年问题为何这么多?并非孩子教不好,也不是每个孩子都调皮,其实每个人都有责任。倘若老师缺乏教育使命感,校园气氛变成多教多麻烦,老师一旦松懈,对学生不加管教,或者家长溺爱学生,只要老师稍加管教,家长就到校理论,终形成恶性循环;反之,老师能善尽责任教导学生,家长尊重老师,不仅子弟能受到爱的教育,甚至可以带动家庭,如此就能形成爱的循环。

慈济教联会多年来,遇过许多面临破碎的家庭、有婚姻危机的父母,因为老师热心教育,主动关心,了解学生的家庭状况,经过辅导而破镜重圆。诸如屏东有位尤老师,我常以他的故事分享,他原本是一位非常严格的老师,常常体罚学生;自从他接触慈济,认识"静思语",用在自己身上,消化之后再教给学生,不再体罚,还常有意想不到的成果。

他教的班级是俗称的"放牛班",这群曾被放弃的孩子,在尤老师的爱心、耐心教导下,自我形态也逐渐改变。

他的班上有一位学生,父母经常吵架,有次还吵到要离婚。这名学生学以致用,写了两张纸条,分别贴在爸爸的衣橱外、妈妈的镜子上。早上爸爸开衣橱前,看到一张纸条

“生气就是短暂的发疯”;妈妈照镜子时,也看到一张纸条“不要拿别人的错误来惩罚自己”,他们不约而同将纸条撕下给对方看,相视而笑。

同时感到夫妻吵架,对孩子是不好的示范,彼此约定避免争吵;后来学校举办亲师会,家长分享后,发现许多家庭都有类似的故事。

为人父母者要以菩萨的智慧对待自己的子女,以父母的包容对待天下的孩子;不会单为儿女操心,也不会排斥他人的孩子,心胸坦荡,给予适当的爱。

人人不能缺水,爱要如清水,但也不能过多,诸如有的父母只要孩子读书,照顾得无微不至,家事都不让他做,因此孩子连自己的衣服都不会洗,如何让孩子体会爱的真谛?过度的疼爱反而会变成压力,让孩子深感沉重;或是习以为常,觉得理所当然。

疼爱要适度,应引导孩子当知书达礼的人,并懂得自爱。

台东一位吴同学住在偏远山区,家境穷困,母亲往生后,父亲为了照顾孩子,留在山区打零工;吴同学读书之余,会帮忙料理家事,照顾弟妹。

吴同学的基测分数是台东县榜首,原可上北一女,但是考虑到家庭经济状况，因此选择就近在台东就学。报章刊登吴同学的情况，慈济人发现也立即追踪家访，了解关怀。

好父亲努力工作，照顾家庭，三个孩子乖巧又贴心，即使家境不佳却很温馨。吴同学敬爱父亲也感恩她的老师，她常说自己有两个爸爸，一个就是老师——平常帮她补习数学，不断地鼓励她；老师以父母心付出爱的教育，用心栽培协助；如此自爱的孩子，就是未来社会的人才与希望。

爱的成绩单

老师从事教育工作，需要有传道启蒙的精神——导引学子走向正确的道路。人生要走对路，生命才能开阔；若误入歧途，不仅伤害自己也会危害社会。

所谓“教之启蒙”，“蒙”是懵懂的意思，每个人从小懵懵懂懂，如何教导，他就接受何种教育；所以要“育之善念”，启发孩子善念，好好地将他培育长大。

许多师生在寒暑假时，会选择出国游学，其实到远方游学、观光，对自己有什么启发或帮助？眼界开阔了，内心是否也看到真诚的世界？

慈济有一种爱的游学，由于我们与贵州丹寨结缘多年，不仅帮助他们建设学校，还持续发放中小学助学金，建立起浓厚的感情。有一年慈济教联会结合慈大、慈中、技术学院师生七八十人,利用假期前往贵州参访。

临行前,我告诉老师们:“难得去一趟,让孩子多体会别人是如何生活、求学。”

当地有的孩子住得远必须住校,小学的住宿环境破旧,屋顶漏水,双层床铺只有框架,还要自备床板;到教室上课,也要自备板凳。三餐要自己想办法,学生一星期回家一趟,带些菜、米到学校,两三个同学一起搭伙,用一个小火炉、一口锅子,自己煮个大锅菜,围在一起吃。

又看到当地孩子自己洗衣服,用一小盆水,搓洗脏污的地方。问他:“怎么用那么少的水?”他说:“节约一点水,可以为学校省一点钱。”那里的孩子天生地养,知足、知福,需求很少,在刻苦中生活、求学,明白为了脱困、脱贫,必须认真读书。

我们的学生回来后分享:“看到最原始的笑容。”因为看到贵州的孩子吃饭时,连一粒米都舍不得浪费,最后用一片菜夹到碗里抹干净,饮食简单却没有埋怨,只有感恩、体谅父母的辛劳;那分感恩,表达出心中没有受到污染,所以是原始的笑容。

台湾的学生得知我们给的助学金,小学生一年是人民币一百五十元,其中一位同学说:“我很惭愧,像我的眼镜三千多元,T恤要一千多元,牛仔裤一条三千多元,名牌鞋子好几千元。算算我一身所穿的,可以供给他们十五个小学生一年奖学金。”同学们开始懂得节省,见苦知福,充满感恩心。

有人认为,世界人口这么多,要教到何时才能启发人人的爱?一棵大树是从小小的种子长成,人人都可以撒播爱的种子。

多米尼加在一九九八年经历乔治飓风,酿致严重灾难,美国慈济人投入救援,延续迄今。由于不忍当地孩子失学,整日在垃圾山求生,于是帮忙兴建学校,改善环境,逐渐变成整齐亮丽、活泼有生机的地方。

慈济人常前往当地关怀,看着孩子从小学、中学一路成长,不时提供孩子食物、书包、文具、制服等;老师、校长也受慈济人所感动,这个学校一直保持清新的气象。

大家很珍惜能有教育的机会,相当重视毕业典礼,让毕业生戴上方帽、穿上礼服,孩子们也展现出礼仪教育的成果,恭敬地端茶敬礼,感恩老师、父母,还有远从美国来的师姑、师伯。

当台湾发生“八八水灾”时,他们也发起捐款,看到慈济人捧着爱心箱,孩子纷纷投钱捐献;其实他们的能力有限,大多相当于台币一元、五元。有位同学捐了台币四十元之多,问他:“为什么要投那么多钱?”

他说:“因为听说台湾的水灾,有很多小朋友的学校倒塌了,还有人没有地方住,所以我们要尽一分力量。”

尽管当地还是贫穷,需要慈济人给予帮助,然而孩子们的善念与善行,就是爱的循环。

捆鱼绳与包香纸

有则佛典故事——一天佛陀带着僧团,走在路上看到一条绳子,佛陀要阿难尊者捡起。阿难尊者捡起绳子,闻到一股腥臭。

佛陀说:“阿难,感觉怎么样?”

阿难回答:“这条绳子又脏又臭,有腥味。”

“大家有没有闻到?”

“有。”

佛陀问:“这条绳子为什么那么腥臭?”

大家知道这条绳子曾用来绑鱼,所以腥臭难闻。佛陀说:“要知道,这条绳子不是原本就有臭味,是因为绑鱼才沾染了腥味。”

大家继续往前走,又看到一张卷着的厚纸,佛陀对阿难说:“将那团纸捡起来。”阿难尊者捡起那团纸,一展开香气四溢。

佛陀问:“阿难,你感觉怎么样?”

“很欢喜,因为这张纸的香气宜人。”

又问大家:“你们有没有闻到?”

“有,很好闻。”

“大家可知道这一张纸到底为什么那么香?是不是这张纸原本就香?”大家推测这张纸可能包过檀香。

这则故事告诉大家,环境很重要,其实人性纯真,只因后天环境熏习、诱引,而改变习性;若有善的环境影响,受到感动,自然会接受正确的观念。

曾看过一对母女现身说法——母亲是上班族,期待女儿能好好读书,所以管教严厉。正值青春的女儿上台自我表白,忏悔过去总是嫌妈妈唠叨,怨恨妈妈。小女孩不懂母亲的用心,在学校就会作怪、逃课,逐渐地交上不好的朋友,学会抽烟、喝酒、赌博、打群架。老师常打电话反映女儿在校的不良行为,母亲非常伤心。

后来有一群慈济委员和社区的大爱妈妈,帮助这位伤心的妈妈,要接近辅导这个小女孩。刚开始小女孩非常排斥，感到他们很虚假，但是这群大爱妈妈、慈诚爸爸，用非常真诚的心与爱包围着她，经过数月的相处，小女孩发现他们都是真诚的爱，慢慢地体会到自己并不孤单，有这么多温暖的爱。

她受到爱与善的熏陶，自己开始懂得反省：该离开那群坏朋友。有一天，这群朋友又来找她，她很勇敢地说："你们不要再来找我，这样的人生是不对的，我应该从头再来，大家最好也散了，重新做人。"这群人非但没有听劝，反而围殴她，她被打得鼻青脸肿都不还手。

她回家养伤的同时，自己静静地思考，愈想愈觉得人生若挨一次皮肉痛，能换来一生的清净也值得。养伤期间，关怀她的慈诚爸爸、大爱妈妈们都去探望她，不舍地拥抱、温言的辅导，她慢慢地觉悟了，应该先向妈妈忏悔，接着将所有坏习气戒除，认真用功，放学后就和妈妈一起去做环保。看到后来清秀的脸庞，一点都想象不出她曾经的坏模样。

古云："近朱者赤，近墨者黑。"亲近善友，会引导我们向善；若是接近恶友，就容易跟随走向恶的道路。

做真正的"好"朋友

曾见一则新闻报导，一群年轻男女半夜在 KTV 喝酒、唱歌,喝得醉醺醺,隔壁包厢有人好奇地多看一眼,双方就起冲突,造成一死二伤。后来警察赶到现场,将这群青少年带回派出所问话,挤满了整个派出所。心想:这么多青少年的父母,对于孩子的深夜不归以及不良行为,不知承受多少心灵折磨与压力。

为人父母谁不是望女成凤,望子成龙?无不期待孩子乖巧,人生方向正确、顺利,平安度过青少年的叛逆期;其实传统没有所谓"叛逆期"的说法,看到父母辛苦工作,子女就懂得做好本分事。

庆幸的是,现今社会还是有许多年轻人懂事、上进,常听人说:"看到慈青就觉得有希望。"这群青年无论出入行仪,待人接物的谈吐,文质彬彬的气质,都具有浓厚的人文气息。有正向理念的年轻人要发挥力量,普遍影响同龄的年轻人,因为彼此之间没有年龄代沟,语言能通,心灵也容易沟通,以佛法而言就是要用心"同事度"。

同事度有方法,是"四摄法"之一。"四摄法"分别为:布施、利行、爱语、同事。首先是"布施",布施不只是"财施",还有"法施"、"无畏施";诸如慈济大学有两位女同学,她们在护理课程中自愿担任病人,让老师示范插鼻胃管的方法,同学表示:除了自己能体会病人被插鼻胃管时的感受之外,也让其他同学能学习到方法。

这也是布施，虽然不是捐出金钱，难得的是“法施”——让同学们学习插鼻胃管的方法；还有“无畏施”，当鼻胃管插下去会想吐，其实很辛苦，但她露出笑容地说：“不要紧。”为的是稳定同学的情绪，让他们不害怕，可以继续学习。

第二是“利行”，凡事先考虑他人，以同理心做安人心的工作。前面提到的两位同学，自己亲身插鼻胃管，感受如何做才能让病人比较舒服，将来自己操作时，就懂得如何减少病人的痛苦；同时帮助他人训练纯熟的技术，这都是利行。

第三是“爱语”，口说好话，善言慰喻，重要的是对人贴心。表达好话，也需要彼此能沟通的语言，尤其是要多学习母语。

第四是“同事”，世间和谐需要每个人共同努力，不能独善其身，要普遍利益人群，这是同事度；周遭的人工作遭遇困难，自己伸手帮忙做，也是同事。真正的同事，就是要成就别人。

有位女同学，毕业后回到玉里服务乡亲。刚开始资深的护理同仁严格地训练，她很紧张，有时忍不住哭泣，学姊们会肤慰：“我们都是爱你的，希望你赶紧成长，能给病患很好的服务。”常常鼓励她，让她能鼓起勇气面对训练，这就是同事度。

年轻人是社会未来的希望,每个年轻人要自许为优良的种子,发心度同学,做一位真正的"好"朋友。

之三 职场如道场

有的人是为工作而生活,有的人是为生活而工作;若是为生活而工作,所做的工作未必如自己的理想,做得不快乐,就如俗谚:"阉鸡拖木屐,罔拖罔过*。"如此,人生就会很痛苦。

为工作而生活,人生才有意义;做人若没有使命感,不能勇于投入社会需要的范畴,生命就白走一遭。因此人生应有目标,目标就是志业。所谓"职场"就是道场,"职业"就是道业,能用这样的态度,边做边体会,就是"做中学,学中觉"。

担忧的是自以为"我什么都已经懂得很多",人不能自大,需能放下自己的身段配合他人,而非一味要求他人配合自己;一个人若常有"你不对,我对"的对立,永远与他人相

---

* 早期农业社会养鸡群,将木屐系于鸡脚,使之无法飞高,因此鸡只能无奈地能走多远,就走多远觅食。比喻:在生活中不得不工作的人,往往会生起"不甘愿"的心念,所以人生多苦。

背，方向无法一致，做事也会很辛苦。

走动管理

多年前有位董事长平常乐于付出，在事业上却很严格地对待员工，他认为身为领导者应该有威严，才利于管理；为了彰显那分威严，还刻意留胡须。

有次过年，他到精舍帮忙。大家正忙着打包发放物资，刚好进来一群会员，一走近就全部站定，不敢进来；我感到奇怪，就向他们打招呼，请他们进来，这时另一位师父将他们带往后面。

过一会儿，那位师父进来悄悄地对我说："那些都是董事长的员工，他们说看到董事长在，很害怕。"

"怕什么？董事长和员工一起帮忙做事，不是很好吗？"

他说："他们怕董事长以为他们是来玩的。"

忙完后，我们稍坐休息，董事长坐在我旁边，我就借此机会告诉他："最成功的人，不是以威严降伏人，而是带人的心，用柔和的爱感动他人。"

他一听紧张地说："师父，我是不是哪里做得不好？"

我说："你不是不好，只是觉得你很严厉，员工都怕你。"

他说："不会，我很爱员工。"

我说："可是你缺少一点。"

"缺少什么？"

"缺少人和、笑容，还有一分真正的关怀。"

他说："这样要怎么管理员工？"

我说："员工不是用'管'的，要用'爱'。"

我接着说："董事长应该要用感恩心对待员工，想想，若是没有阿嫂帮你清理环境，再堂皇的办公室也如垃圾堆，何况员工都是在为你做事、赚钱。"

他说："这是真的，我要感恩员工。"他说到做到，回去后先从自己的微笑做起，逐渐从严肃的董事长变成微笑的董事长，亲自带动员工互相感恩。

之后有段时期景气低迷，不少公司倒闭。他告诉我："我很感恩，现在景气不好，别的公司员工都在计较薪水，我们公司的员工却不计较。"还表示以前赶货时，下令加班，大家都不愿意，还会说不想赚加班费；如今学着体贴他们："太累了，可以休息了。"

反而员工会说："董事长不用担心，您尽管接生意，别人不做，我们做，半夜加班也愿意，只要您生意做得好，我们都很甘愿。"

他好奇地问："为什么？"

员工异口同声地说:“您对我们很好,而且您还常常捐款为善,所以我们若是努力工作,等于我们也有付出。”

除了用爱与感恩带人之外,长久以来我常提“走动管理”的观念——你有困难不能来,我有心走过去帮忙,这种走动管理的方式很重要。

俗云:“孤鸟插群”,有时到一个新环境,应如何表现?唯有放下身段,缩小自己。尤其是领导阶层的人,尽管有优秀的才能,若是抱着“为什么每件事都没有告诉我?为什么不让我做?”这都是一种障碍;应去除这分障碍,主动请他人多指教,并带着诚恳的笑容,如此才易被他人接纳。

其实“孤鸟插群”与“合群”是一体两面,自己主动合群,自然融入鸟群;倘若一直自我孤立,也不跟着鸟群飞,必然容易受到排斥,无法得人心。

如台北慈济医院的赵有诚院长是近年加入医疗团队,他能身体力行“走动管理”,主动前往各单位关怀,询问是否遭遇困难,需要什么协助?短短十余日,能了解全院的事务。医院各部门同仁都感到受重视,有位主任表示,其实无论在何处工作都同样辛苦,环境也差不多,然而只要主管有心,让大家感受欢喜与温馨,自然安心做事。

领导者多走动关怀,有困难大家帮忙,即使再难的问题都能迎刃而解。

化“辛苦”为“幸福”

日常生活中,有时看到人斤斤计较,还理直气壮地说:“你不让我,我为什么要让你?”为了争一口气,而争执不休,是多么痛苦的事。

曾有位年轻小姐为了工作心烦不已,满腹委屈地向我哭诉:“我很尽心工作,别人不做的事,我都愿意做,而且再辛苦,我都可以忍受;但是卖力的结果,不但没有得到称赞,还被嫌弃做得不好,这口气我实在咽不下!”

她泪如雨下,我向她解释“忍”的功夫:“你目前只是‘忍’而已,还未到‘吞下’的地步;不仅要吞下,还要能‘消化’,才是真功夫。”

一般的忍耐就如石头压住种子,其实种子仍在,只是一时长不出来;所以不仅要能“忍”,还要真正吞下、消化,才能消弭怨气,进而吸收养分。诸如他人一时无心讲了难听的话,自己却“有意”听进,无法善解消化,这句话就会原样存在心中,不断地伤害自己。

她听了这些话,泪珠还挂在眼眶,却露出灿烂的眼神,说:“我懂了,因为我自尊心太重,听别人嫌一句不好,自己就受不了,总觉得同事都对不起我,所以容易起烦恼。”

人常因自尊心作祟,做得好就希望得到赞美;做不好就会产生自卑心,甚至因自卑而转为傲慢的态度。因此我们无论身处任何环境,应常常自省:是否自尊心太强?平常做事要随分随力,尽心力完成,做完后才能心安理得;即使结果未必尽如人意,也不会心生忧恼。

精舍有位志工,老人家退休后,因为他太太是慈济委员的因缘,他无论刮风下雨、春秋寒暑,多年如一日到精舍做志工,做得满心欢喜。他表示慈济志业是他生命中的一条轨道,即使每天只是做些简单的抄写工作,都不觉得厌烦,再辛苦都会感到幸福。

建设大林慈济医院之初,一天中午走进工地,看到一位先生在搬模板,我和他打个招呼,说:“中午了你还在工作,辛苦了。”

这位先生友善、和气地双手合掌,对我说:“师父,不要对我们说‘辛苦’,要说‘幸福’。”

我问他:“为什么要说‘幸福’?你们真的很辛苦。”

他说:“因为师姊都对我们说‘幸福’。”

我顺着他的意说:“好,幸福。”其实一时之间并不明白其中道理。

后来慈济人与我分享，有位捐赠土地的老先生发愿煮青草茶和大众结缘，每天凌晨三点起来煮茶，若是天气热时，会先将茶冰好；天气冷时，就准备热茶。慈济人帮忙分装成一瓶瓶茶水，等工人上工时，请他们带着工作方便解渴。

工人下了工，慈济人还在大门口感恩他们一天的辛劳，鞠躬说："今天辛苦了。"

有一次，有位先生直率地说："真的很辛苦，做得快要死了。"

慈济人反应很快，问他："你知道正在盖的是什么吗？"

他说："医院。"

慈济人又问："盖医院要做什么？"

"要救人。"

慈济人说："是啊，救人就是福。其实你们很幸福，因为汇聚全球慈济人的爱与祝福，为地方盖医院，能有因缘可以出力，等于也参与救人的工作，这是你们的福。"

这位先生说："听起来很有道理，既然是这样，就不要对我们说'辛苦'，应该改说'幸福'。"

慈济人说："对，现在开始，看到你们就要祝福你们'幸福'，身体健康。"

他也很高兴地说:“你们说‘幸福’,我就回答‘美满’。”

这句祝福的好话延续下来,所以慈济人不说“辛苦”而说“幸福”,这也是我常说的“能做就是福”。

志同道合做天下事

做慈济常会接触很多人,其中有老板也有雇员,听他们的心声,感觉人人都有苦;管理的人苦,被管的人也不轻松。其实人与人之间需要有志一同,若有共同的志向,能“甘愿做,欢喜受”,就是善的循环。

常说“天下米一个人吃不完,天下事一个人也做不完”,大家希望社会祥和,大地恢复健康,如果只有自己一个人是无能为力的。所以做好事要感恩与我们同道、同志愿的每一个人;想想若没有身边这些人,如何凝聚力量成就许多事?

慈济有“四神汤”——知足、感恩、善解、包容。每个人都有脾气、习气,自己的心念要先转,让心量开阔,才能真正地法入心。

凡事“知足”就会懂得“感恩”,有感恩心的人容易付出大爱;所以无论他人说什么、做什么,因为心中有爱而能“善解”,他人有错也会有“包容”心。诸如慈济人有时向人劝募会受到不同声音的指责，大家能平心静气地说："谢谢，感恩。"自己先退让一步，让对方平静后再来了解，才不会因一些无意的话语而受伤。

佛经说要普度众生，既然是"普度"就应发挥大爱，不能有分别心；但是救度芸芸众生总是要有工具，重要的工具就是语言，语言能沟通，彼此感情才能互通。虽然世界上有各种语言体系，彼此之间沟通不易，但是有一个共同语言就是真诚的笑容，能表现出亲切感，加上一个关怀的拥抱，则大爱无障碍。

之四 优质的社群互动

近年来社会人伦道德薄弱，环境问题愈来愈严重，我们推动"克己复礼，民德归厚"运动——从自己做起，人人克制贪、瞋、痴的心态，进而对外发挥一分爱；人与人之间，少不了一分真诚相待的爱。

看到慈济人用心在邻里间抚慰老幼孤独，感到如此的乡里气氛很温馨，这需要大家的热情，热情是爱的原动力，能源源不绝地持续付出关怀；假如人人都冷漠以对，犹如冰山，会障碍本具的爱心。所以每个人多付出一些热情，就能在邻里间凝聚“民德归厚”的浓郁人情。

福人居福地

佛陀教导我们“众生共业”,“业”就是造作的意思。有些人关心社会、造福人群,所以能“取诸社会,用诸社会”,就是福业;有些人不循正轨,而为非作歹,造作许多恶业。

台湾是一个福地,因为有许多福人;什么是“福人”?就是能发挥爱心造福。许多人都希望求福,但若未曾种下福因,如何求得福果?我们疼惜台湾,就应时时为这块土地祝福,遍撒福的种子,成为真正的福田。

有的人吝于造福,认为“我家照顾好就好,不必管别人家”,这是“自扫门前雪”的自私心态;想想,若他人误入歧途,恶行为害乡里,自己能保平安吗?或者左邻右舍发生什么意外,如何担保不会波及自家?所以一定要大家平安,自己才会平安。

看看许多贫穷国家发生灾难时,无论是天灾还是人祸,即使没有受灾的人都自顾不暇,哪有余力关心、照顾灾民?无法种福因就难以改变现状,多么无奈。反观台湾社会富裕,重要的是有许多爱心人,即使天灾难免,“一地受灾,十方驰援”,人人及时伸出援手,灾民很快就会度过难关，有灾无难，这就是福；人人造福，自然风调雨顺，所以说台湾是福地。

俗话说“福地福人居”，我认为应该是“福人居福地”——即使是贫瘠的土地，只要有好农夫勤快地施肥、灌溉，也能改良土壤，种出丰富的粮食；若是大家懒散，不肯动手耕种，再肥沃的土地也只会长杂草。

因此人人若能“合心、和气、互爱、协力”，用心耕耘福田，社会必定富有而祥和，重要的是爱的富有；欣见台湾有这么多的爱心人，还能将爱散播到国际间。

二〇〇八年五月，缅甸遭受热带气旋侵袭，伤亡惨重，而且海水倒灌摧毁大片田地，收成损失，田地盐化，农民真是无语问苍天。所幸接连数日的雨水冲淡盐分，我们尽力找寻耐盐分的种子，赶上农耕时节，发放让他们播种，期间还供应四次肥料；当地农夫欢喜接受，无不辛勤工作，半年后不但丰收，而且收获量还比往年增加近两成。

他们欢欣地收割稻谷，有位当地人特地摘取六穗稻穗，委托慈济人：“请您一定要亲手交到师父手里，我们很感恩。”

我收到这些稻穗，粒粒饱满充实，也同感欢喜。更欢喜的是启发他们的爱心，当地许多人天天捐出零钱，即使折合台币不到一角，不过都是真诚的爱心；有人则是每餐量米入锅时，会抓一把另存瓮里，他们说每餐省一把米，家人还是吃得饱，但是这一把米，可以帮助同村更穷困、没饭吃的人。

看到缅甸这群乡民爱心启发，虔诚付出，令人感到光明在望；只要地方善心人多，就会愈祥和、愈富有，可说是“福人居福地”。

真纯人情味

从前投入慈善工作，亲访个案时，只要走到村口，一问：“请问您认识某某人吗？”无论男女老幼，听到名字就晓得是谁，不只叫得出名字，还会称呼“某某伯”、“某某公”，感到族群关系很亲近，富有人情味。

等到我们进一步表达关怀的心意，大家还会详述案主的遭遇及目前的生活，邻里之间的情况都了若指掌；现代社会，常见邻居间如同陌生人，冷漠的气氛拉大彼此距离，有时为了一点小事计较争执，如何生活得欢喜自在？倘若世界地球村能回归传统温情，就如王家庄、李家村，天下一家亲，多么温馨。

台中太平的山区，有一家“柑仔店”，也就是传统的杂货店，俗云：“开行坐店”讲求名气，名气愈大愈光荣；可是这家杂货店不求名气大，却有很旺的人气。老板是一对老夫妻，阿嬷七十余岁，阿公已经年逾九十，他们什么都卖，应人方便；货物不贵，却很实在精良，难得的是这个杂货店乐于为人服务，许多人来到店里请托帮忙，还比买东西的顾客多。

由于山区道路难走，住家稀落相隔遥远，居民若要寄信，或者送信的邮差，会集中到这家杂货店，送报也会请杂货店代转，所以山区居民常会来杂货店里拿报纸或看看有没有信件。

不但如此，这对老夫妻热心助人，有时邻居需要什么物品，不买而是用借的，阿嬷也会将新的东西借人使用，用好了再还她。他们事事应人方便，有求必应，因此老人家有事会来找他们聊聊；年轻人有什么困难，同样来找他们帮忙；小孩子用功读书，他们也会给予鼓励。整个村庄好像都是他们的亲人，充满古早味的温馨。

另外在苗栗也有一家杂货店，老板娘用心招募邻里的爱心，劝人日存一善；她为了响应推动“回归竹筒岁月”，特别制作了一个大竹筒，高逾一公尺，有三节半，每一节上写着“十元”、“五元”、“一元”，便于分类零钱。

她自己以身作则，每天第一桩生意，无论收入多少都会存入竹筒，带动当地街坊邻居，未必是为了买东西才来，每天经过“柑仔店”就投入一元、五元；希望整个村庄人人都是好人，日日行善，大家见面欢喜。这也是一家温馨的杂货店，让人人有机会存德、积善，重要的是那一念心。

真纯人情味就是不只自己好，也关心邻里都好。诸如莫拉克风灾时水淹台湾南部地区，挟带着山上土石，有的地方淹到整层楼高；等到水退后，还有半层楼高的泥土留下。当地有数十个慈济家庭也受灾，同样有很大的损失，但是他们能放宽心，许多志工立即穿起“蓝天白云”，与其他慈济人一同投入关怀乡亲。

有位师姊说：“现在我不叫做灾民，我叫做慈济人。”她家里其实受灾严重，尚未清理，却帮忙邻里清扫，还展开双手拥抱受灾民众，鼓励他：“不用怕，灾难已经过去了，现在要勇敢振作精神，好好地恢复生活。”大家用心带动，这就是台湾的生命力。

镌印动人的史篇

多年前曾和一位作家无名氏对谈，他问我：“现代社会到底有什么问题，您可以简单回答吗？”

我说：“缺爱症。”因为社会缺爱，就如身体缺乏造血功能，造成贫血以及许多毛病；如何治疗？唯有爱，是致富的妙方。

慈济志业从慈善起步，大家有共同的观念，就是爱——清净无私的大爱，并化为有形的行动，否则爱心无形，如何真正给予帮助？

诸如缅甸受灾初期，尽管灾难严重，灾民亟需援助；但是当时军政府管制，许多爱心人士都不得其门而入。邻近的马来西亚、泰国慈济人秉持“感恩、尊重、爱”，走进缅甸与当地爱心人会合，低调地深入重灾区勘灾，诚恳了解受灾者的苦难。

他们及时回应灾民当下的需求，提供适当的帮助。如当时大雨不断，临时收容所没有完整的遮雨棚，灾民很需要雨衣；其次需要桶子盛装干净的饮用水，看到慈济人犹如父母般将雨衣披在小孩身上，给予一切必要的物资，这分贴心呵护与爱的互动，不仅当地民众能感受到，当地政府单位在了解之后，就正式来函，让我们有机会走入缅甸，投入更多的协助。

用爱铺路会愈来愈广阔，看到八八水灾后，台湾各地的爱心人齐动员，不断地往南部支援协助清扫，那段时日近十五万人次；每个人尽心力付出，都是从内心发出的真诚，否则如何能在一望无际的烂泥中，不时散发臭味的环境下，动手清理垃圾、污泥？慈济调集许多重机械、大小车辆支援投入灾区；慈济志工自掏腰包购买工具、雨鞋，出钱又出力。

还有企业界各尽所能地付出物资、人力支援，以及交通运输业者提供救灾人员免费搭乘，因为有这么多人动员付出，才能让灾区尽速地恢复市容与生机，这种爱的力量与精神，可说是人间动人的史篇。

第八章　构筑美善的图象

米契尔博士(Dr. Edgar Mitchell)是第六位登陆月球的太空人,他曾语重心长地感叹:"从外太空看地球,其实只看见一个圆,看不到国境分界、种族差异,也看不到纷争或战乱。"他表示,人类若到其他星球自我介绍,不会说自己来自美国或哪个国家,一定会说来自地球。

从他的谈话中,可以体悟人人应开阔胸襟,放眼天下,不要只局限于个己的小圈圈。人人生活在地球上,都是生命共同体,地球受破坏而频起天灾,谁能逃得过灾难?

之一　生命共同体

二○○四年底南亚一场强震,引发海啸,波及十二个国家。任何地方发生灾难,无不是警示或征兆,我们应提高警觉，不要以为不同国家彼此没有关系；同样生活在地球上，还有什么分别？普天之下，人人的爱心要拓宽、扩大，包容到所有众生都要关怀，帮助需要帮助的人。

每一生命同等珍贵

佛陀教导我们众生平等，没有贤愚之分，即使年纪小或者教育程度不高的人，也有一分令人想象不到的智慧，所以不应轻视任何人。

曾读过一则网络新闻——美国有个五岁的孩子生在单亲家庭，母亲罹患一种关节老化的疾病，年约三十岁，骨骼却已老化为八十余岁，行动很不方便。这个孩子在十个月大时，只会爬、还走不稳，母亲的拐杖掉落地上，无法弯腰捡拾，孩子会爬过来捡起拐杖给妈妈。

孩子渐渐地成长，走得稳了，开始扫地、擦桌椅，帮妈妈做家事；到了五岁已经会煮饭，为妈妈准备餐点，后来还向妈妈要求：希望能参加看护病人的志工培训。

印度有一个十岁的孩子，一日在街头看到许多孩子向人乞讨，他问那群流浪儿："你们怎么不回家？"

有人说："我没有爸爸、妈妈。"

有人说："我没有家。"

还有人说："假如没有乞讨，空手回家，会被打。"

他感到这些儿童很可怜，开始着手编写剧本，自导自演拍摄一部影片，让大家知道街头儿童生活的过程，并且勉励流浪儿。年幼的孩子就有如此高的体会与实践力，足见人人的智慧并无分别。

一般人常分别表相的差异，以致形成人与人之间的对立；譬如有些种族自认优越，视其他种族低等而加以压制，这种优劣分别，随着人口愈多，累积的对立愈大，动辄起冲突。其实人人本性与佛同等，只是业力牵引，烦恼丛生；若是回归清净本性，没有他、你、我的差别，如此就没有什么分别心。

除了对人应平等看待之外，其他动物也有灵性，凡是生命都应尊重。曾看过有人饲养的九官鸟，客人一进门就说："请坐，泡茶。"甚至小主人按电铃还没进家门，它就会说："某某回来了。"知道门外是小主人；让它算账也能算得很精准，并不亚于人。

还看过一则新闻报导，野外有窝鸭蛋，母鸭不知到哪里，一群野鸡看到就帮忙孵，直到孵化出小鸭；类似这种动物有情，只要那念爱心存在，就叫做觉性。

人类是万物之灵，其他动物有爱说不出、有苦叫不出，我们应体会，每一生命都很珍贵，怎能不疼惜万物、彼此尊重？

诗云：“落地为兄弟，何必骨肉亲”，大家应打开心胸，将小爱不断地扩为大爱。

张开爱的双臂

“天盖之下，地载之上”都是一家人，人人付出一点爱，汇集就是一股大力量。

南非土地辽阔，虽然慈济人不多，但是个个用心撒播爱的种子；诸如雷地史密斯的方居士夫妻，他们的工厂雇用一位祖鲁族员工，这位员工看到老板、老板娘很有爱心，也看到慈济人的付出与带动，走过的地方都是一片祥和。他想起自己的村庄普遍穷困，村人因而常常有不平衡的心态，容易瞋怒。

因此他向方居士提起他的村落，期待慈济能前往关心，于是慈济人走入那块土地；起初许多当地人质疑：没有外人敢进去的地方，为什么慈济人敢进去？其实只要有一分真诚的爱心，就能用智慧发挥毅力与勇气。

慈济人不仅发放村民需要的生活物资，还为他们设立职业训练所，同时协助开辟一处公有菜园，教大家种菜的技术。

看到爱的种子已播下，努力灌溉就会结成爱的果实；目前当地已有六十余位志工，职业训练所也发挥良能，让许多人学会一技之长。

当地有位年逾六十的米塔奶奶，她与先生育有三儿一女，都已结婚成家。不幸的是长子与媳妇往生，留下一个小女儿由奶奶、爷爷抚养长大，一直都很乖巧。

米塔奶奶看到慈济人用爱关怀村民，不仅给予物资救济，还辅导他们如何照顾自己的族人，深受感动也很认同。因此她与先生都投入志工，老先生专心照顾公有菜园，米塔奶奶则是关怀全村，何处有病人就前往送餐、关怀，也会帮忙照顾他人的孩子。

后来小孙女开始吃醋，感到奶奶、爷爷将爱放在外面，家事都要她做，所以讨厌慈济；直到米塔奶奶有一回生病，许多人前来关怀，还有慈济人的陪伴，小女孩很感动，奶奶就对孙女说："这群人远从台湾而来，他们拿物资救济我们、爱我们，我们也应该关怀自己的族人，付出爱心。"

小女孩终于知道他们为何要全心付出，她为了让他们继续专心帮助别人，所以读书之余能殷勤地帮忙做家事。

有爱就能改变，又如南亚海啸后，我们帮助大亚齐兴建三个大爱村共二千余户,当初决定要援建时,当地志工曾告诉我:“政府表示帮灾民盖就好,不要照顾反抗军。”

我问:“反抗军有没有受灾?”

他们说:“反抗军也有受灾。”

我说:“大爱不应区分什么身份,只要符合受灾条件都要帮助。”

建设完成后,一个大爱村里居住数十户反抗军,他们感到:如今过着和平的生活,不再担心、紧张,家居的日子安定平静,所以脱离了反抗军,回归乡里。他们知道我们提倡节约能源,由于当地路灯并非自动开关,所以主动巡视街头巷尾,白天若有灯还亮着,就帮忙关闭电源;有回收物就捡,做好资源回收。

看到爱能降伏动荡不安的心,张开爱的双臂,福就来了。

之二 清流满人间

清流是什么?就是好话、好的道理;若能不断地传扬好的道理,多说好话就能净化人心。世间有多少人,有多少不同的心态?倘若心不调和,想想天下不同种族、国家,不同的心念与是非,多么复杂。

如何调整人人的心朝同一方向?若能用对方法,众生就容易接受。有时简单一句好话,就如清泉,能洗涤内心污秽;好话入心,受用则是善。人人的心地都有一亩良田,除了谨慎地播撒爱的种子之外,还需不断地引清流灌溉,才能让秧苗成长茁壮,成为菩提林。

注法髓涌清流

普天之下,无论什么都有法,务农也有其法,什么季节该整地、播种,都有大自然的法则。

常说“法譬如水”,天地万物不能没有水,水能滋润万物,调节气候,大空间里水的循环很重要;就人的生命而言,同样不能缺少水,如感冒就医,医师说:“多喝一点水,多休息。”一旦缺水,身体怎么会健康?

生命需要清净的水,慧命也需要智慧的法水;人需受教育,知礼仪、识廉耻,才不会脱离应有的本分。由于人难免犯错,无论有意或无意,都是一分恶业,并非时日过去就消失,其实业的种子依旧存在,所以要虔诚地忏悔过错,不再造新殃。

忏悔,就是坚持知错悔过,以智慧耐心地洗涤内心的污垢;能忏悔则清净。

有人说:“虽然知道要改,不过很难。”其实习气既然是后天环境所熏陶养成,若是在爱与善的环境中,过去不好的习性也会受到感染而转好,这就是清流洗涤。因此随境从恶或择善学习,端视如何选择。

有位高师姊很好命,以前常感空闲时间太多,以致沉迷麻将,不仅浪费时间,还耗损健康、影响家庭幸福;所幸她有福得遇生命中的贵人,重要的是自己能用智慧选择,及时转变成积极的人生。

如今高师姊将时间投入做慈济,一听到好话、好事,就认真地记下,已做成十余本心得笔记,同时不吝和他人分享。有次她路经一处桥下,是司机先生聚集休息的场所,看到许多司机们聚集赌博、喝酒,想想不但开车容易出事,对家庭、自我身心都是一种伤害。

于是高师姊用智慧让他们有机会接受法,每逢初一、十五,邀集其他慈济人烹煮丰盛菜肴,邀请司机们用餐。起初有些司机不予理会,她也欢喜地接受,大家持续用心带动。

时日一久,司机先生逐渐受到感动,高师姊还特地帮他们安装大爱台,让他们在休息时间可以接触好人、好事。而今已没有人在那里赌博、喝酒,这就是“有法度”——利用好的环境感化，彼此影响。

马来西亚有许多华人，当地政府年年集合民间团体举办活动；近年来，政府单位看到慈济的人文，深表认同，因此经常邀请慈济一起活动。有次新年期间举办华人的节庆展，慈济人承担的是“清明节”；由于当地华人多有民间信仰，加上新年时诸多禁忌，不能谈“死”，不能说“墓”，如何表现“清明节”祭祖扫墓的习俗？

当地慈济人发挥创意，不仅避免触碰禁忌，还能开拓人性美善；借“清明节”慎终追远的意义，宣扬人间孝道，他们将一条三百公尺的街道布置成“孝道”还有“善道”，提倡行孝、行善不能等。

活动吸引许多参访人潮，无论小孩、青年或中年人，带着父母参与，现场学习如何跪着向长辈奉茶的礼节；充分展现向上孝敬、向下教育的人文，带动人人对孝道的重视，还要勇敢地表达出来。

“善道”则布置为“竹筒岁月”展览，让大家知道世间多苦难，有许多穷困人亟待援助，人人应懂得克己行善，克制奢华、奢靡的生活习惯；同时准备许多竹筒供人领养，宣导付出点滴爱心，人人汇聚就是一股力量。

其实马来西亚除了华人之外，马来人未必听得懂华语，而且还有多数的穆斯林及一般民间宗教信徒；慈济人以各种巧妙活泼的带动，能让各种族、观光客驻足参观，重要的是守住人道精神，也将民族文化转变为人品典范，可说是一股清流，深入人心。

人人为善，人间即净土

多年前曾有人问我："看慈济人环保做得那么好，为什么街上还会看到满地垃圾？"

我说："可以换个角度想——幸好有环保志工回收这些囤积如山的资源，让垃圾减量，否则满街的垃圾应该更多。"

看待任何事都相同，不必埋怨，转个观念——倘若每个人都有环保意识，不想满街有许多垃圾，只专注捡起脚下一张纸、一个宝特瓶，垃圾不乱丢，环境自然干净美丽。

四川洛水、汉旺等地，因五一二强震，慈济人肤慰、带动，将当地的善良民众融和在一起，引导爱心落实在行动中。如今看到当地人疼惜贫穷苦难人，也懂得爱护社区环境，有许多环保志工；因为做环保，看到这么多垃圾，知道大地资源迅速消耗，所以明白节约减碳、疼惜物命的重要。

有位母亲原本沉迷赌博，一赌就昏天暗地，不但疏忽家事，输了还会对家人发脾气，并且染上抽烟、喝酒的陋习；女儿感到亲情疏离,很羡慕他人的家庭。而后母亲受慈济人带动,决心改变不好的习性,投入志工,将时间用在做有意义的事,并且时时提醒自己要尽本分,照顾好家庭;不但让家庭恢复温暖,女儿也很开心。

我们在四川援建十三所学校,工地的劳工朋友也常常有慈济人陪伴,感受爱的温馨互动;不久时逢中秋有八日休假,他们为了让学生能尽快有好环境读书,不忍休息而利用假期继续付出。此外,当台湾发生八八水灾时,工地主任还有全工地朋友们,纷纷表示要捐钱;学生们也主动捧起爱心箱劝募,这种爱的循环就是一股清流。

清流净化人心,多一位人间菩萨,就少一个问题家庭,家家户户敦亲睦邻,社区就能安定;无数安定的社区结合起来,就是祥和的社会。所以每个人都很重要——人人一念心清净,就可以利益群生;他、你、我同一分清净心,地球就是净土。

图书在版编目(CIP)数据

人生经济学——时间·空间·人与人之间/释证严著—上海:
复旦大学出版社.2011.1(2025.3 重印)
(证严上人著作·静思法脉丛书)
ISBN 978-7-309-07479-6

Ⅰ.人… Ⅱ.证… Ⅲ.佛教-人生哲学-通俗读物 Ⅳ.B948-49

中国版本图书馆 CIP 数据核字(2010)第 139492 号

原版权所有者:静思人文志业股份有限公司授权复旦大学出版社
出版发行简体字版

慈济全球信息网:http://www.tzuchi.org.tw/
静思书轩网址:http://www.jingsi.com.tw/
苏州静思书轩:http://www.jingsi.js.cn/

上海市版权局著作权合同登记号　图字:09-2010-548

人生经济学——时间·空间·人与人之间
释证严　著
责任编辑/邵　丹
封面摄影/王美玲
封面时钟创作/王哲威
内页图片/慈济人文基金会人文志业发展处

复旦大学出版社有限公司出版发行
上海市国权路 579 号　邮编:200433
网址:fupnet@fudanpress.com　http://www.fudanpress.com
门市零售:86-21-65102580　　团体订购:86-21-65104505
出版部电话:86-21-65642845
上海崇明裕安印刷厂

开本 890 毫米×1240 毫米　1/32　印张 6.375　字数 81 千字
2025 年 3 月第 1 版第 11 次印刷
印数 51 901—53 500

ISBN 978-7-309-07479-6/B·362
定价:28.00 元
